Wilhelm Weber

Aloys Senefelder,
 Erfinder der Lithographie
 Daten zum Leben
 und Wirken

Wilhelm Weber

Aloys Senefelder
Erfinder der Lithographie
Daten zum Leben und Wirken

Herausgegeben aus Anlaß
ihres 10jährigen Bestehens
von der Internationalen Senefelder Stiftung
Offenbach am Main
1981

Erschienen
im Polygraph Verlag
Frankfurt am Main
1981

Printed in Germany
Alle Rechte vorbehalten
© Internationale
Senefelder Stiftung,
Offenbach am Main
Oktober 1981

Gestaltung:
Fritz Hofrichter,
Olaf Leu Design & Partner,
Frankfurt am Main

Herstellung:
Klaus Jürgen Schiller

Dieses Buch wurde
mit freundlicher Unterstützung
folgender Firmen hergestellt:

Lichtsetzerei Grützmacher GmbH,
Frankfurt am Main

Graphische Kunstanstalt Gehringer,
Kaiserslautern

Gebr. Klingspor,
Offenbach

Feldmühle AG,
Düsseldorf

Druckfarbenfabrik Gebr. Schmidt GmbH,
Frankfurt am Main

M.A.N.-ROLAND
Druckmaschinen Aktiengesellschaft, Offenbach

Helmuth Halbach, Buchbindermeister,
Königstein im Taunus.

Vorwort von Prof. Dr. Hans A. Halbey	7
Aloys Senefelder, Erfinder der Lithographie	9

Aloys Senefelder,
    Daten zum
        Leben und Wirken
	31

Abbildungen von Künstlerlithographien des 19. Jahrhunderts	67

Lorenz Quaglio.
Bildnis
Aloys Senefelder.
Lithographie.
1818

Bey J. G. Zeller in München.
Nach der Natur auf Stein gezeichnet von Lorenz Quaglio 1818.

Aloys Senefelder
Erfinder der Lithographie und der chemischen Druckerey.

Wer heute in tiefem Erstaunen die Herstellung einer Offset-Druckplatte durch Laser-Strahlen verfolgt, das Abtasten der Vorlage durch den einen, kompliziert gelenkten Strahl, und die blitzschnelle Übertragung der elektronisch umgerechneten Digitalwerte auf die Druckplatte durch den anderen Laser-Strahl – der wird nur noch schwer die Gedankenbrücke zu Senefelders Steindruck finden und begehen können. Indes; er wird sie begehen müssen, um auch bei diesem technologisch neuartigen Prozeß das Ganze von der Basis her begreifen zu können; ähnlich übrigens wie bei dem Gedanken an Johannes Gutenberg und seine Erfindung im Hinblick auf die modernsten Lichtsatzverfahren. Wie oft sind in jüngster Zeit die Sätze publiziert worden: »Gutenberg ist tot, wir haben auf elektronisch gesteuerte immaterielle Satz-Verfahren umgestellt«, ohne zu bedenken, daß Gutenbergs Prinzip der analytischen Textzerlegung in Einzelglieder (Lettern) und deren Speicherung zur beliebigen Wiederverwendung doch der technologische Ansatz auch unserer modernsten Verfahren heute bedeutet.

Gutenberg oder Senefelder – am Anfang war die Qualität. Diese Aussage, in leichter Anlehnung an den Beginn des Johannes-Evangeliums, hat ihre Gültigkeit, wenn man unter »Anfang« eine gewisse Zeitspanne erster Entwicklungsschritte versteht. Ohne Zweifel ist Gutenbergs 1452-55 gedruckte 42-zeilige Bibel der bis heute unerreicht schönste Buchdruck geblieben, und ebenso zweifellos hat Senefelder schon in den ersten Ansätzen der künstlerischen Qualität im Steindruck die Möglichkeiten geboten und gewiesen. Daß die heute mittels Laser-Strahlen hergestellten Druckplatten sich zunächst noch in der unteren Qualitäts-Ebene bewegen, also nur für den Zeitungsdruck mit grobem Raster geeignet sind, deutet auf ein Kontinuum hin, das in der gesamten Geschichte der Satz- und Drucktechniken erkennbar ist, daß nämlich bei fast allen technischen Innovationen zunächst ein Qualitätsabfall im Ergebnis folgte, bis man die neuen Verfahren so im Griff hatte, daß sie auch für höchste Qualitätsansprüche eingesetzt werden konnten. Doch dazu gehörte immer und grundsätzlich ein Begreifen des ganzen Prozesses und vor allem von der Basis her. Das will hier, im Hinblick auf die Senefelder-Stiftung, besagen, daß man im breiten Feld der Offset-Entwicklung wie auch der künstlerischen Lithographie die sorgsamste Pflege und Förderung des Handwerklichen zu betreiben hat. Als man vor über zwanzig Jahren in den U.S.A. festgestellt hatte, daß der Beruf des Litho-Druckers für die künstlerische Lithographie sozusagen »unter der Hand« und unbemerkt ausgestorben war, gründete man mit Hilfe der Ford Foundation ein Zentrum zur Wiederbelebung der Lithographie. Warum? Nur um der Bereicherung der Kunstszene willen? Gewiß, darum auch. Aber wesentlich war die wiedergewonnene (alte) Erkenntnis, daß ein technologischer Durchbruch oder daß optimale Nutzung von hochkomplizierten Apparaturen vor allem aus dem Verständnis von der handwerklich-kreativen Grunderfahrung her kommt. Gutenberg war Handwerker, Künstler und Technologe in einer Person. Senefelder vereinigte das naturwissenschaftliche und das künstlerische Interesse im gleichen Maße in sich selbst, wie er, vom Handwerklichen ausgehend, seine folgenreiche Erfindung so vielfältig weiterentwickeln konnte.

Wer die Senefelder-Stiftung nur als eine retrospektiv gerichtete Ehrung des »großen Erfinders« ansieht, verkennt den zukunftsweisenden Aspekt dieser Aktion, die in zwei Richtungen zielt: die Pflege der qualitätvollen Künstlerlithographie und Förderung aller daran mitarbeitenden Kräfte, also auch der Litho-Drucker, und die Erhaltung oder Wiedergewinnung höchster Qualität im drucktechnischen Bereich.

Prof. Dr. Hans A. Halbey

Direktor des Gutenberg-Museums Mainz
Beiratsmitglied der
Internationalen Senefelder Stiftung

Meister-Lithographien
des 19. Jahrhunderts
(Offsetreproduktionen)

Beilagen zum Buch
von Wilhelm Weber:
*Aloys Senefelder –
Erfinder der Lithographie*

Franz Hanfstaengel,
Bildnis
Aloys Senefelder,
Lithographie,
1834

ALOIS SENEFELDER
Erfinder der Lithographie,
geb. den 6. November 1771, gest. den 26. Februar 1834.

Beilage zum Buch
von Wilhelm Weber:
Aloys Senefelder –
Erfinder der Lithographie

Herausgegeben aus Anlaß
ihres 10jährigen Bestehens
von der Internationalen Senefelder-Stiftung
Offenbach am Main
1981

Thomas Shotter Boys, Notre Dame, Farblithographie, 1839

Beilage zum Buch
von Wilhelm Weber:
Aloys Senefelder –
Erfinder der Lithographie

Herausgegeben aus Anlaß
ihres 10jährigen Bestehens
von der Internationalen Senefelder-Stiftung
Offenbach am Main
1981

Wilhelm Reuter,
Badende Nymphe,
Lithographie,
1805

Beilage zum Buch
von Wilhelm Weber:
Aloys Senefelder –
Erfinder der Lithographie

Herausgegeben aus Anlaß
ihres 10jährigen Bestehens
von der Internationalen Senefelder-Stiftung
Offenbach am Main
1981

Richard Parkes
Bonington,
Rue du
Gros Horloge,
Lithographie,
1824

Beilage zum Buch
von Wilhelm Weber:
*Aloys Senefelder –
Erfinder der Lithographie*

Herausgegeben aus Anlaß
ihres 10jährigen Bestehens
von der Internationalen Senefelder-Stiftung
Offenbach am Main
1981

Wilhelm Weber

Aloys Senefelder,
Erfinder der Lithographie

In seinem 1818 in München und Wien, 1819 in Paris und London, 1824 in Neapel erschienenen »Lehrbuch der Steindruckerei« sprach Aloys Senefelder den Wunsch aus, seine Erfindung »möge der Menschheit durch viele vortreffliche Erzeugnisse vielfältigen Nutzen bringen«. Dieser hoffnungsvollen Aussage folgte 1833, ein Jahr vor dem Tode Senefelders, die Feststellung: »Lang ist die Kunst, aber nur kurz das Leben. Diese Wahrheit fühle ich schmerzlich, denn wie wenig konnte ich ausführen, wieviel blieb unvollendet. Und dennoch bin ich unter den Erfindern einer der glücklichsten gewesen, daß ich eine so große Ausweitung der Lithographie erlebt habe.«

Tatsächlich hatte sich der Steindruck in wenigen Jahren nach Senefelders Erfindung in ganz Europa und bald auch in den U.S.A. ausgebreitet. Was Senefelder selbst nicht voraussehen konnte: Die chemische Lithographie, das erste Flachdruckverfahren der Welt, löste Neuerungen aus, die technisch und wirtschaftlich den Anforderungen des Industriezeitalters entgegenkamen. Senefelder sah im Steindruck bezeichnenderweise nur einen »Zweig einer allgemeinen chemischen Druckart«, die die »mechanische Druckart« ablöse. Von Anfang an hatte er erkannt, daß das chemische Druckverfahren nicht nur auf Stein, sondern auch auf Metall und andere Materialien anwendbar sei. Darauf beruht der Fortschritt seiner Erfindung. Späteren Erfindern wies er den Weg zum Druck von Metallplatten, zur Chemigraphie, zur Herstellung von Klischees, zur Fotolithographie, vor allem aber zum Offsetdruck, der zu einem führenden Druckverfahren geworden ist.

Nur wenige wissen, daß Senefelder sich auch mit der Konstruktion neuer Druckpressen beschäftigte. Der Chemiker Senefelder wäre gescheitert, hätte der Mechaniker Senefelder nicht durch den Bau verschiedener Pressen, zunächst durch die Konstruktion einer Stangenpresse, seine Erfindung praktikabel gemacht. Er entwarf auch die erste Steindruckmaschine, »bei welcher die Maschine die Farbe selbst einschwärzt, und die man sehr leicht ans Wasser stellen und den Aufwand von Menschenkräften

Joseph Hauber, Bildnis Aloys Senefelder, Gemälde, 1829

ersparen könnte«. Nach dem Bau von Metallpressen durch Charles Motte in Frankreich und durch Taylor und Martineau in England um die Mitte der Zwanziger Jahre des 19. Jahrhunderts wurden in den Vierziger Jahren die ersten Kraftmaschinenpressen gebaut. 1846 schuf P. S. Duval in Philadelphia eine Dampfpresse. 1851 ließ sich Sigl in Österreich eine Druckpresse patentieren, die automatisch arbeitete. Damit war der Übergang vom manuellen zum maschinellen Betrieb vollzogen, an den Senefelder bereits gedacht hatte.

Mit den Steindruckschnellpressen erweiterte sich der Aufgabenbereich der lithographischen Anstalten erheblich. Neue Erzeugnisse und Auftragsarten kamen hinzu; druckte man zunächst Akzidenzen, Geschäftsanzeigen, Etiketten, auch Postwertzeichen und Banknoten, so übernahm man jetzt auch Buntdrucke, Plakate, Bilderbögen, Abziehbilder, Bildpostkarten und vieles andere. Die keramische Industrie, die Spielkartenfabrikation, das Illustrationswesen bedienten sich in zunehmendem Umfang der Lithographie.

Ein eigenes Feld innerhalb der Vielfalt der Anwendungsmöglichkeiten der Erfindung Senefelders ist von jeher die Künstlerlithographie. Senefelder hat die Ausdrucksmöglichkeiten des Kupferstichs, der Radierung, des Holzschnitts um die einer neuen graphischen Technik erweitert. Peter Halm, der ehemalige

Direktor der Staatlichen Graphischen Sammlung in München schrieb: »Für die geschichtliche Bedeutung der frühen Lithographie wurde nicht die reine Tatsache des Gewinns einer neuen Technik der Vervielfältigung entscheidend, sondern die Entfaltung zu einem neuen, fruchtbaren Zweig der graphischen Kunst«. Schon zu Lebzeiten Senefelders setzte diese Entwicklung der künstlerischen Lithographie ein. Um die Wende vom 19. zum 20. Jahrhundert, und erneut nach dem Zweiten Weltkrieg bis auf den heutigen Tag bedienen sich bedeutende Künstler der Lithographie und erwägen so die Richtigkeit der Behauptung, die Erfindung Senefelders habe die künstlerische Druckgraphik um Wesentliches bereichert.

Senefelder durfte viele Ehrungen erleben. Nach seinem Tode erschienen Nachrufe wie jener im »Kunst- und Gewerbeblatt für das Königreich Bayern«: »Senefelder besaß einen lebhaften, durchdringenden Verstand. Was er unternahm, geschah mit Eifer und Geduld. Von dem Entstehen seiner Erfindung an zielte jede seiner Handlungen auf Verbesserung derselben. War er von dem Resultat seiner Prüfung nach Tausenden von Versuchen befriedigt, so führte ihn seine Phantasie und Beobachtungsgabe gleich wieder auf etwas Neues. Daher auch die zahlreichen Nutzen bringenden Erfolge, die ihm verdankt werden, und die vielen Andeutungen von manchen Versuchen, deren Fortsetzung nicht unterbleiben sollte.«

In der deutschen Ausgabe seines Buches »Das Gesamtgebiet der Lithographie«, das 1840 in Chemnitz erschien, schrieb der ehemalige Senefelder-Schüler Godefroy Engelmann, der den lithographischen Dreifarbendruck erfunden hatte: »Wenige Menschen haben eine so fruchtbare Erfindungsgabe und eine so große Befähigung zur Arbeit bewiesen. Bei dem Verfolg seiner Erfindungen hat er große Beharrlichkeit gezeigt und nur erst, als diese sichergestellt war, ging sein Geist, der immerwährender Beschäftigung bedurfte, nach und nach auf soviele verschiedene Gegenstände über«.

Kupferstich nach Bildnis Aloys Senefelder

Die künstlerische Ernte der Erfindung Senefelders sammelte zunächst vor allem der mit Senefelder befreundete Professor Franz Maria Ferchl aus München. Er veranstaltete 1864 in einer privaten Kunsthandlung, in der Akademie der Wissenschaften und in der Akademie der bildenden Künste zu München die erste Ausstellung einer Incunabeln-Sammlung, die er selbst zusammengetragen hatte. Anlaß dazu war die »Semi-Säkularfeier« der Erfindung des mechanischen Steindrucks im Jahre 1846. Zum 90. Geburtstag Senefelders 1861 lag Ferchls »Geschichte der Errichtung der ersten lithographischen Kunstanstalt« vor, die 1862 im Druck erschien. Sie enthält eine Übersicht der »Ferchl'schen Incunabeln-Sammlung der Aloys Senefelder'schen Erfindungen im Gebiet der Verfielfältigungskunst«. 1925 hat Luitpold Dußler Incunabeln der deutschen Lithographie zusammengestellt, die von M. Denzinger und Peter Hirschfeld erweitert und erst neuerdings von Rolf Armin Winkler in München verdienstvollerweise vervollständigt wurden.

Einen eigenen ausgesprochen populären Charakter hatten die Feiern zu Senefelders 100. Geburtstag im Jahre 1871. Lokalkomitees in Prag, München, Wien, Berlin, Leipzig, Chemnitz, Dresden, Nürnberg, Stuttgart, Mannheim, Frankfurt, Bremen und Hamburg, in England, Frankreich, in der Schweiz, in Italien und in den U.S.A., auch in Odessa, führten Veranstaltungen zu Ehren Senefelders durch.

Nicolas-Henri Jacob,
Bildnis
Aloys Senefelder,
Lithographie,
1819

Joh. Anton Ramboux,
Bildnis
Aloys Senefelder,
Gemälde,
1831
Ehemals
Wallraf-Richartz-
Museum Köln,
Kriegsverlust

Auf illustrierten Gedenkblättern und Tischkarten, in Festzeitschriften wurde Senefelders gedacht. Damals arbeiteten nahezu 1000 lithographische Schnellpressen und rund 6000 Handpressen allein in Deutschland, um den Bedarf im Inland und im Ausland zu bewältigen. Die Zahl der Steindruckpressen nahm sehr rasch zu, während die der Handpressen zurückging. Die Künstlerlithographie dagegen verlor zeitweilig an Bedeutung.

So waren es die Berufslithographen und deren Fachverbände, die an Senefelders Erfindung und deren Auswirkungen erinnerten. Der 100. Geburtstag Senefelders wurde in Deutschland unter nationalen Vorzeichen gefeiert. Dabei war Hurra-Patriotismus wenig angebracht. Denn Senefelders Erfindung hatte sehr bald internationale Bedeutung gewonnen, die Künstlerlithographie hatte in Frankreich und England ihren Aufschwung genommen. Die damalige Situation bezeichnet das Gedicht, das der Verfasser des Deutschlandliedes, Hoffmann von Fallersleben, dem »Senefelder-Album« zum 6. November 1871 voranstellte:

Laßt uns Senefelder preisen,
Der den Stein der Weisen fand!
Es ist auch ein Stein der Weisen,
Der als Steindruck weltbekannt.

Was er sucht in stillen Stunden,
Manchen Tag und manche Nacht,
Endlich hatt' er es gefunden
Und ein großes Werk vollbracht.

Leicht kann es jetzt gelingen,
Schnell vervielfacht jede Schrift,
Jedes Bild an's Licht zu bringen
Durch die Feder und den Stift.

Öffne deine Ruhmeshallen
Für den Mann, der das erfand!
Laß ihm Lob und Dank erschallen!
Freue dich, mein Vaterland!

Die Jahrhundertfeier löste übrigens die Initiative aus, Senefelder in München ein Denkmal zu setzen, das allerdings erst 1877 fertiggestellt wurde. Julius Zumbusch hatte die große Büste modelliert, die von Hörner gegossen und auf dem Sendlinger Torplatz gegenüber dem Sterbehaus Senefelders aufgestellt wurde. 1892 entstand das Berliner, 1900 das Leipziger Denkmal in der Eingangshalle des alten Deutschen Buchgewerbehauses.

1904 wurde in Solnhofen eine große Bronze aufgestellt, die 1901 bei der Auflösung der Firma Lemercier in Paris erworben war. Damit kam das allererste Senefelder-Denkmal nach Deutschland, das 1845 von Etienne Hippolyte Maindron, bekannt durch seine Marmorskulptur »Velleda« im Jardin Luxembourg und durch die Marmorgruppe »Genoveva« in Fontainebleau, im Auftrag des Pariser Lithographen Lemercier geschaffen worden war. Das Denkmal ist als großfiguriges Standbild geschaffen. Senefelder steht neben einer Druckpresse und hebt ein Blatt ab.

Josef Kirchmayer, Büste Aloys Senefelder, Marmor, Ruhmeshalle »Bavaria«. Nach der 1808 entstandenen Gipsbüste.

Etienne Hippolyte Maindron, Denkmal Aloys Senefelders, 1845. In Solnhofen 1904 aufgestellt.

Bis zum Werk Maindrons hatte es mehrere lithographierte Porträts Senefelders, darunter diejenigen von Lorenzo Quaglio (1818), von Henri Jacob (1819) und von Franz Hanfstaengl (1834), sowie die Bildnisse von der Hand Joseph Haubers (1829) und von J. A. Ramboux (1831), auch eine Gipsbüste von Josef Kirchmayer (1808) und eine Büste von Peter Schöpf d. J. gegeben. Um 1855 entstand eine Marmorbüste Senefelders von J. P. Hönig. Die in Marmor übertragene Gipsbüste Kirchmayers wurde in der Ruhmeshalle »Bavaria« aufgestellt. 1828 lithographierte Heinrich Senefelder ein Porträt. Aloys Senefelder fertigte bei seinen Versuchen des »Öl- und Mosaikdruckes« ein Bildnis, das zwar als Selbstbildnis bezeichnet werden kann, aber sehr wahrscheinlich eine Nachahmung des Senefelder-Porträts von Jacob ist. Vergleichen wir die überlieferten Bildnisse miteinander, so fällt die verschiedenartige Wiedergabe der Physiognomie des Dargestellten auf. Möglicherweise hat sich Maindron an die Lithographie von Quaglio gehalten. Bis zu einem gewissen Grade sind sich die Porträts von Jacob und Ramboux ähnlich. Nach dem Gemälde von Ramboux scheint das 1871 an Senefelders Geburtshaus in Prag befestigte Medaillonporträt geschaffen worden zu sein. 1896, das heißt 100 Jahre nach Senefelders Experiment mit der mechanischen Lithographie, gedachte man erneut des Erfinders. Der 100. Todestag im Jahre 1934 brachte zahlreiche Ehrungen, darunter eine Gedächtnisausstellung im Deutschen Museum in München.

Die Initiative, den 200. Geburtstag Senefelders zu feiern, ging von Offenbach aus. Dies ist kein Zufall. Die Stadt am Main öffnete Senefelder das Tor zur Welt. Zum 200. Geburtstag des Erfinders im Jahre 1971 rief sie die Internationale Senefelder-Stiftung ins Leben und stellte, unterstützt von der ortsansässigen Industrie, vor allem von der M.A.N.-ROLAND Druckmaschinen Aktiengesellschaft, eine Ausstellung mit Dokumenten und frühen Künstlerlithographien zusammen.

Am 6. November 1971 waren 200 Jahre seit der Geburt von Aloys Senefelder vergangen. Gegenüber der Säkularfeier von 1871 hat sich vieles verändert. Die Steindruckereien sind zurückgegangen. Der Offsetdruck, gleichsam eine »Tochtererfindung« Senefelders, hat weit-

Aloys Senefelder. Der Brand in Neuötting. Erste chemische Lithographie. München 1797. »Ein paar fliegende Blätter«.

gehend frühere Aufgaben der Lithographie übernommen. Aber die Künstlerlithographie hat seit der Wende vom 19. zum 20. Jahrhundert ihren großen Rang zurückgewonnen. Toulouse-Lautrec, Edvard Munch, Bonnard, Vuillard, auch die deutschen Expressionisten, unter ihnen Ernst Ludwig Kirchner, Corinth und Kokoschka, sind hier die großen Namen. Nicht nur in Deutschland, sondern auch in Frankreich, in England und in den U.S.A. nahm nach dem Zweiten Weltkrieg die Farblithographie einen einzigartigen Aufschwung. Picasso, Chagall bis hin zu Paul Wunderlich und Horst Antes (um nur einige Namen zu nennen) setzten fort, was bedeutende Lithographen älterer Zeit geleistet hatten. Eigentümlicherweise muß aber erst das Bewußtsein geweckt werden, daß ohne die Erfindung Senefelders dies alles nicht möglich gewesen wäre. Von ihm gingen die entscheidenden Impulse aus, die chemische Lithographie zu einer graphischen Druckkunst werden zu lassen, die eine bemerkenswerte Mittelstellung zwischen Graphik und Malerei einnimmt. Von Senefelder selbst und seinen Partnern wurde gleich von Anfang an der Lithographie ein internationales Feld erobert. Er selbst steht also nach wie vor im Blickfeld, – erst recht, wenn wir im Streit der Meinungen die Ansicht vertreten, daß der Wert der Originallithographie nicht abzubauen sei, ohne den Rang der künstlerischen Graphik in Frage zu stellen.

Senefelder kam als Außenseiter zur Erfindung des Steindruckes. Sein Vater war Schauspieler, und er selbst zog einige Jahre als Mitglied einer Wandertruppe durchs Land, spielte auf der Bühne und schrieb unbedeutende Theaterstücke. Seine schriftstellerischen Weisungen zwangen ihn zur Beschäftigung mit der Druckkunst. Mittellos wie er war, mußte er Kosten beim Druck seiner Stücke sparen. Die Not machte ihn zum Experimentator. Er begann als Dilettant und wurde zum großen Verwandler der Druckkunst.

Nach einer Reihe von Versuchen auf Metallplatten und Steinen gelang ihm 1796 der »mechanische Steindruck« in vertiefter und erhobener Manier. Er mußte später – vielen Erfindern ging es ähnlich! – einen Prioritätsstreit hinnehmen, denn zehn Jahre zuvor hatte der Theologe und Lehrer Simon Schmid in

Kopfzeilen des 1801 in London ausgestellten Privilegs

München schon begonnen, gravierte und geätzte Steine abzudrucken. Simon folgte seinerseits einem viel älteren Rezept. Einigermaßen kurios ist – unabhängig vom Prioritätsstreit – die Bezeichnung »Senefelder – Erfinder der Lithographie«. Das Wort »Lithographie« hat es lange schon vor Senefelder gegeben. Man bezeichnete damit Versteinerungen von Muscheln, Fischen oder Reptilien. So fügte beispielsweise auch Johann Samuel Schröter 1772 seinem »Lithologischen Reallexikon« den Untertitel »Die Lithographie« hinzu. Der Scharfsinn, der in der seit 1802 in Frankreich benutzten Bezeichnung »Imprimerie lithographique« den Ursprung des Wortes »Lithographie« finden will, ist also überflüssig. Ab 1801 hatte man in London, etwas später in Berlin wohlweislich das Wort »Polyautographie« gewählt, um eine Verwechslung der Begriffe zu vermeiden. Senefelder selbst gebrauchte zunächst den Ausdruck »Steindruck«, später aber auch das Wort »Lithographie«.

Senefelders wichtigste Leistung war die Erfindung der chemischen Druckart im Jahre 1797/98. Unangefochten darf man ihn daher als Erfinder der »chemischen Lithographie« bezeichnen. Es war ihm gelungen, Linien und Punkte auf präparierten Steinen in der Ebene der Platte so aufzuzeichnen, daß diese Stellen Farbe annahmen und abgaben, während die übrige Fläche der Platte weder Farbe annahm noch abgab.

Nach wie vor bereitet es Schwierigkeiten, das exakte Datum der Erfindung der chemischen Druckart zu fixieren. Senefelder selbst nennt das Jahr 1798. Doch schon 1797 nahm er Überdrucke vor und lithographierte auf chemischem Wege ein Lied mit einer abschliessenden Vignette (»Brand von Neuötting«). Möglicherweise ist 1797 auch der Notendruck der Zauberflöte« von Mozart entstanden, nachdem der erste Teil noch im Kupferdruck hergestellt worden war. Am 19. Mai 1798 bot der Münchner Musikalienhändler Falter einem Augsburger Kollegen einen Notendruck Senefelders an. 1797/98 ist also die genaueste heute mögliche Datierung.

Senefelder erfand eine ganze Reihe von differenzierenden Manieren der Bearbeitung der Steine und den lithographischen Farbdruck. Nicht erst in seinem »Musterbuch« von 1809 und in seinem zehn Jahre später erschienenen Lehrbuch hat er eine Reihe von Möglichkeiten des chemischen Steindrucks beschrieben. Schon in seinen Erläuterungen zum 1799 in München ausgestellten Privilegium exclusivum legt er seine Erfindung und deren Anwendungsmöglichkeiten dar. Ausführlicher berichtet er auch in der Spezifikation, die er am 18. Juli 1801 während seines Londoner Aufenthaltes seinem am 20. Juni 1801 ausgestellten Privileg des »United Kingdom of Great Britain and Ireland« hinzufügt. In diesem bis jetzt noch nicht ausgewerteten, umfangreichen Schreiben betont er noch einmal, daß auch Metallplatten als Druckstöcke verwendet werden können. Wichtig ist vor allem die Angabe der Verwendungsmöglichkeiten seiner Erfindungen: Schrift, Musiknoten und Zeichnungen auf Papier, aber auch Muster auf Leinwand, Cattun, Wolle, Seide, Leder und »auf alle anderen Materialien und Substanzen, mit denen zu drucken gewünscht wird«. In England erhoffte er sich vor allem eine Auswertung seiner »chemischen Druckart« auf dem Gebiet des Cattun-Druckes. Während eines fast sechsjährigen Aufenthaltes in Wien beschäftigte er sich mit Neuerungen und Verbesserungen im Cattun-Druck und erfand neue Druckwalzen. Wenn auch später der Begriff »Lithographie« immer mehr auf künstlerische

König Ludwig I.
von Bayern,
Lithographische
Niederschrift,
17. Mai 1808

Graphik angewandt wurde (wobei zwischen reproduzierender und originaler Graphik zu unterscheiden ist), so gilt es doch festzuhalten, daß diese Anwendung der chemischen Lithographie für Senefelder nur eine von vielen Möglichkeiten war. Senefelder betrachtete den Steindruck als eine Möglichkeit von vielen im Rahmen des chemischen Druckes. Damit soll keineswegs gesagt sein, die künstlerische Anwendung seiner Erfindung sei ihm gleichgültig gewesen. Im Gegenteil: Er selbst, als Zeichner ein Dilettant, hatte die ersten, kleinen Zeichnungen lithographiert. Mit Recht wehrte er sich in seinem Lehrbuch gegen die Unterstellung, er hätte »zwar das Rohe der Kunst erfunden, aber sie nicht weiter als zum Notendruck zu benutzen verstanden«. Indem er die Zeichnung auf den Stein immer wieder mit dem Kupferstich maß, aber der Technik des Kupferstichs gegenüber die »Leichtigkeit der Behandlung, die geringer notwendige Geschicklichkeit, die größere Geschwindigkeit beim Abdrucken vom Stein und die fast zahllosen möglichen Abdrücke beim Lithographieren« herausstellte, war gerade er es, der den Zeichnern und Malern eine völlig neue graphische Technik anbot, die die Kunst des 19. und 20. Jahrhunderts sehr bereicherte. Eines soll noch hervorgehoben werden: Der Freimut seiner Mitteilungen, das Abwehren jeder Geheimniskrämerei. Er sagt, er könne nichts aus Eigennutz geheim halten und »unmöglich dem Drang der Mitteilung widerstreben, sobald ich glaube, etwas für die Menschheit Nützliches erdacht zu haben«. So sehr er auch das bereits 1810 erschienene Lehrbuch von Heinrich Rapp, des Direktors der Stuttgarter Akademie, schätzte, – der Titel des Buches »Das Geheimnis des Steindrucks« muß ihm seltsam vorgekommen sein. Er selbst war der Meinung, nur einige seiner ehemaligen Mitarbeiter oder diejenigen, die auf Umwegen den Steindruck kennengelernt hatten, »machten Wunder was für ein Geheimnis daraus; es gereichte mir zum größten Vergnügen, mich mit verständigen Männern über diejenigen Gegenstände zu unterhalten, welche mir als Erfinder so interessant sein mußten«.

Der Erfinder Aloys Senefelder: er soll ins Auge gefaßt werden. Charakteristisch für die Spannweite seiner naturwissenschaftlichen Interessen und die mitunter abenteuernde Beweglichkeit seines Geistes ist die weithin unbekannt gebliebene Teilnahme an einem in London ausgeschriebenen Wettbewerb, der Vorschläge für einen lenkbaren Luftballon bringen sollte. Über der Lektüre aerostatischer und aeronautischer Abhandlungen grübelte Senefelder nach, wie man ein Luftschiff lenken und die ausgesetzten 33.000 Pfund Sterling gewinnen könnte. Mittellos wie er war, brauchte er immer wieder Geld, verkaufte seine Patente und Privilegien, um den Ertrag sofort wieder in neuen Experimenten zu verbrauchen. Zwei Jahre, nachdem ihm Kronprinz Ludwig von Bayern am 17. Mai 1808 den Satz auf einen

Lithographenstein schrieb »Die Erfindung der chemischen Druckerei bringt dem Jahrhundert Ehre, in dem sie erstand«, hätte er es nach seinen eigenen Worten für ein »Glück nehmen müssen, bei irgendeinem meiner ehemaligen Lehrlinge Arbeit zu finden«. Was hätten da 33.000 Pfund Sterling bedeutet! Für die Konstruktion eines lenkbaren Luftschiffes entwarf er Pläne, kleine Ballons durch Luft ausströmende Blasebälge zu bewegen und zu lenken. Das weder prämiierte noch ausgeführte Projekt bezeichnet buchstäblich den »höchsten Punkt« seines Erfinderglücks, es verdeutlicht einen Wunsch, den er in diese Worte kleidete: »Einmal in der Lage sein, der Welt noch andere, noch mehr in das Leben eingreifende Erfindungen zu schenken«.

Bildnis Philipp André, zeitgenössische Lithographie, um 1802

Bildnis Johann Anton André, zeitgenössischer Kupferstich

Joh. Theodor Susemihl, Bildnis Friedrich André, Lithographie, 1802

Getrieben vom Drang und Zwang seines Erfindergeistes konzentrierte er sich auf ständige Verbesserungen der chemischen Lithographie. Jahrelang beschäftigte er sich mit der Herstellung künstlicher Steine als Ersatz für den Kalkstein. 1827 realisierte er den Ölgemälde- oder Mosaikdruck, der nichts mit der Lithographie zu tun hat. Senefelders zweite Frau charakterisiert den rastlosen Arbeiter auf ihre Weise. Am 2. März 1819 schrieb sie von Paris aus an Friedrich von Schlichtegroll, den Generalsekretär der Akademie der Wissenschaften in München: »Mit meinem Mann habe ich das Ihnen längst bekannte Kreuz; er sitzt von früh morgens bis abends in der Druckerei und schmiert, druckt über, will neue Erfindungen machen, und so vergeht ein Tag nach dem anderen«.

Trotz vieler Enttäuschungen hatte Aloys Senefelder das Glück des Tüchtigen auf seiner Seite. Seine Arbeit wurde durch einige zuverlässige Freunde gefördert. Franz Gleißner, Komponist und Hofmusikus aus München, wurde der helfende Partner mancher schwieriger geschäftlicher Unternehmungen. Schicksalhaft war die Begegnung Senefelders mit dem 24 Jahre alten Musikverleger und Musikalienhändler Johann Anton André aus Offenbach im Jahre 1799 in München. Diesen klugen, wagemutigen und geschickten Unternehmer zeichnete eine hohe Bildung aus. Senefelders Erfindung des chemischen Steindrucks, die Beschäftigung mit dem Notendruck, die Gleißner schon in München unterstützte, paßten

Titelblatt zur Folge der ersten englischen Künstlerlithographien, London 1803

André ins Konzept. In Wien erwarb er Mozarts musikalischen Nachlaß und gab diesen in Offenbach heraus.

War München für Senefelder Ausgangspunkt seiner Arbeit, so öffnete Offenbach ein neues Feld. Von hier aus kam er im Jahre 1800 nach London, ein Jahr später nach Wien. Ohne seine persönliche Anwesenheit entwickelte sich ab 1802 eine kleine »Imprimerie lithographique« in Paris, die von Friedrich André, dem Bruder des Offenbacher Verlegers, gegründet wurde. In London legte Philipp André den ersten Zyklus bedeutender Künstlerlithographien auf, die 1803 unter dem Titel »Specimens of Polyautography« herausgegeben wurden. Senefelder wurde in London mit Conrad Gessner bekannt.

Er machte diesen mit dem chemischen Steindruck vertraut. Bedeutende Künstler beteiligten sich an den »Specimens of Polyautography«, darunter Benjamin West, Präsident der Royal Academy, und Heinrich Füßli. Allerdings sollte nicht vergessen werden, daß die allerersten Lithographien mit bildkünstlerischen Themen ab 1800 in München erschienen, darunter Blätter von Graf Clemens von Törring und Conjola, ab 1801 auch Lithographien von Angelo Quaglio. Es waren bescheidene Anfänge, die von Hermann Mitterer, ab 1804 Direktor der neuen Kurfürstlichen Steindruckerei, angeregt wurden. Max Joseph Wagenbauer, Johann Jakob Dorner, Simon Klotz und Johann Michael Mettenleiter gehörten zu den frühen Künstlerlithographen. Es ist auch daran zu denken, daß ab 1802/03 in Paris Conrad Johann Susemihl und Pierre Nolasque Bergeret lithographierten. Die reproduzierende Künstlerlithographie kam ins Gespräch, als Dominique Vivant Denon, der Direktor des Musée Napoléon im Louvre, zusammen mit dem englischen Kunsthändler Bell und Bergeret den Versuch unternahmen, Gemälde und Zeichnungen der kaiserlichen Sammlungen lithographieren zu lassen. Das Unternehmen scheiterte zwar, stellt aber den Auftakt zu ähnlichen glücklicheren Versuchen zur lithographischen Wiedergabe berühmter Kunstwerke älterer Zeit dar: Zu Strixners lithographischen Nachbildungen der Randzeichnungen Dürers zum Gebetbuch des Kaisers Maximilian im Jahre 1808 und zu den

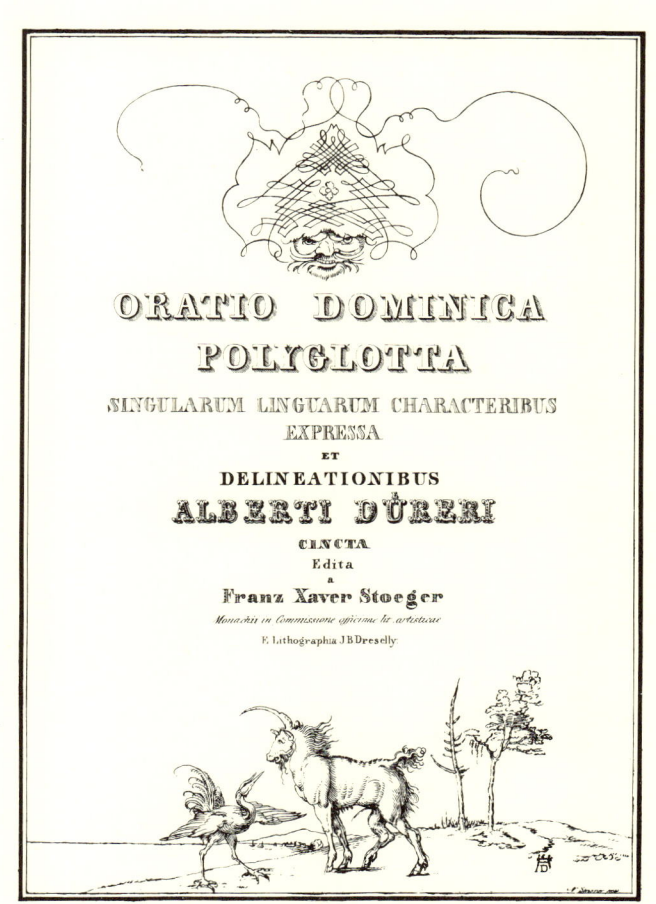
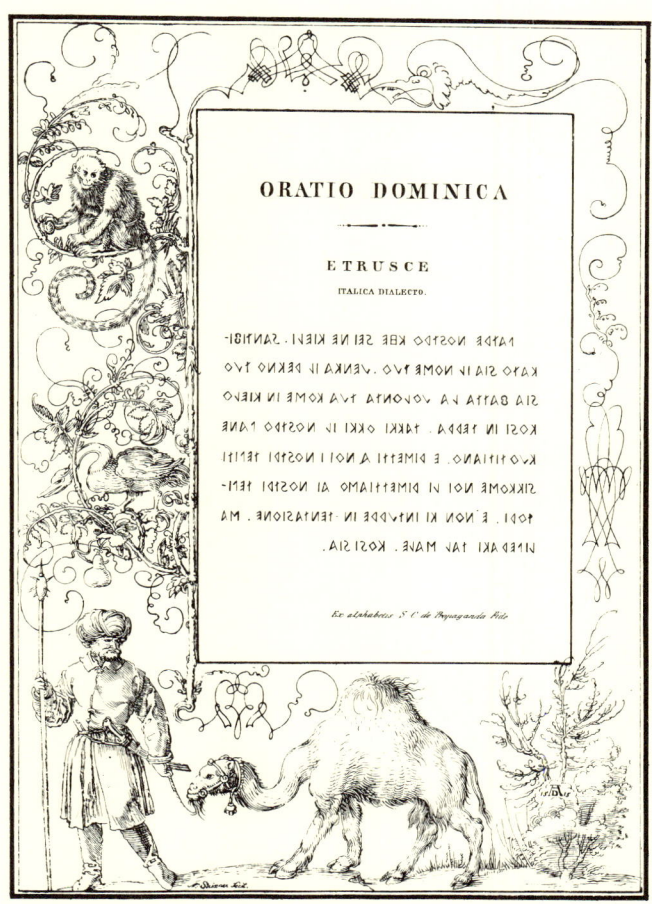

Das »Vaterunser« in verschiedenen Sprachen (etruskisch, spanisch, hebräisch), mit lithographischen Nachbildungen Joh. Nepomuk Strixners nach Albrecht Dürers Randzeichnungen zum Gebetbuch des Kaisers Maximilian. Nach der Ausgabe von Stoeger. München 1839.

Amazonenkampf.
Lithographie.
um 1810

zum gleichen Zeitpunkt einsetzenden »Oeuvres Lithographiques«, die Johann Christian von Mannlich, der Direktor der Kunstsammlungen in München, von Strixner und Piloty ausführen ließ. Goethe war es, der seinem Freund Jacobi, dem Präsidneten der Akademie der Wissenschaften in München, nach Empfang der lithographierten Dürer'schen Randzeichnungen schrieb:»Man hätte mir soviel Dukaten schenken können, als nötig sind, die Steinplatten zuzudecken, und das Geld hätte mir nicht soviel Vergnügen gemacht als diese Werke«.

Dennoch besteht kein Zweifel, daß der Vorstoß zu den eigentlichen Leistungen der frühen Künstlerlithographie von London ausging. Über Johann Anton André aus Offenbach wirkte die Initiative nach Berlin. Dort zeigte dieser Lithographien aus London vor, nachdem einer seiner Mitarbeiter, François Johannot, in Offenbach ein eigenes lithographisches Etablissement gegründet hatte, um vor allem die Künstlerlithographie zu fördern. Hier bei Johannot entstand manches interessante frühe Blatt, beispielsweise die großformatige Kreidelithographie von Matthias Koch »Ruinenlandschaft in der Art Piranesis« von 1802. Johannot regte auch den aus Mainz gebürtigen Professor Nikolaus Vogt zu lithographischen Experimentierarbeiten an. Wilhelm Reuter aus Berlin, einer der bedeutendsten frühen Lithographen, kam nach Offenbach. Reuter reiste nach Paris und gab 1804, nach dem Vorbild der Londoner Kollektion, die Folge »Polyautographische Zeichnungen vorzüglicher Künstler« heraus. Auch der geniale Bildhauer und Zeichner Johann Gottfried von Schadow war unter den Berliner Lithographen. Er fällte schon damals das folgende bemerkenswerte Urteil über die Künstlerlithographie: »Bei dieser neuentdeckten Manier, die nicht mehr Zeit erfordert als eine Zeichnung auf Papier, würden Zeit und Kosten erspart, und was das wesentlichste ist: So verbliebe in den Abdrücken der erste, ursprüngliche Geist des Zeichners, und die Übertragung oder Übersetzung durch einen anderen fielen weg«.

Programmatischen Charakter haben auch die Äußerungen Reuters. Die Polyautographie ist für ihn die Kunst, »Zeichnungen auf und mit gegebenen Materialien so zu vervielfältigen, daß jede Zeichnung Original ist; dies drückt der griechische Name aus«. Auch für Reuter hat die Künstlerlithographie die Chance, »den Geist, der in einer guten Zeichnung herrscht, darzustellen«. Er ist davon überzeugt, daß die neue graphische Drucktechnik einen »großen Einfluß auf die Vervollkommnung der bildenden Kunst haben wird«. So deutlich hat dies zu jenem Zeitpunkt kein anderer ausgesprochen.

Ferdinand Schiesl, Terra Sigillata-Bruchstücke, Farblithographie aus »Sammlung Römischer Denkmäler in Bayern« von J. von Stichaner, München 1808

Aloys Senefelder war bis 1806 in technische und ökonomische Probleme verwickelt, die sein Aufenthalt in Wien mit sich brachte. In München erschienen inzwischen in der Steindruckerei der Feiertagsschule die ersten monatlichen Lieferungen der »Lithographischen Kunstprodukte«. An G. J. Vollweilers (aus Offenbach stammend) Fortsetzung der Londoner »Specimens of Polyautography« gemessen, waren diese Vorlagen für figürliches und ornamentales Zeichnen, die religiösen und allegorischen Darstellungen, die Porträts und Landschaften weitgehend eine traditionelle Fortsetzung der früheren Druckgraphik mit anderen Mitteln. Mitterer und seine Schüler und Mitarbeiter leisteten vor allem im Technischen gute Arbeit. In Frankreich gab es zu jener Zeit noch immer Schwierigkeiten beim Druck. 1806 kam François Johannot, 1807 Friedrich André aus Offenbach nach Paris. Mit Louis Aubin Millins »Le voyage dans les départements au midi de la France« (1807/11) setzten beachtenswerte lithographische Leistungen ein, die Taylor zum Prachtwerk »Les voyages pittoresques et romantiques« anregen. Die Möglichkeit, die Künstlerlithographie für Bildzyklen, für das Illustrative zu nutzen, wird deutlich. Die Vorliebe der Zeit für romantische Darstellungen hatte ein Medium gefunden, ganze Abfolgen von Landschaften wiederzugeben. Auch dem Interesse an historischen Denkmälern diente die Lithographie. 1808 gab die Münchner Akademie der Wissenschaften die von J. Stichaner besorgte »Sammlung römischer Denkmäler in Bayern« mit den Lithographien von Ferdinand Schiesl heraus. 1816 legte Domenicus Quaglio seine Lithographien »Denkmale der Baukunst des Mittelalters« in Bayern vor. Die Lithographien leisteten einen Beitrag zur historischen und kunsthistorischen Bildungsarbeit. Ein Höhepunkt der Publikation dieser Art ist später die hervorragende farbige Wiedergabe in dem Werk »Die vorzüglichsten Ornamente und bemerkenswertesten Malereien in Pompeji, Herkulaneum und Stabia«.

Louis Bonaparte,
Vier Soldaten der
Kaiserlichen Garde,
Lithographie,
1805

In München fanden sich zu jener Zeit viele ausländische Besucher ein, die die Produkte der »chemischen Druckart« bewunderten. Louis Napoléon, der Bruder des Kaisers, und General Lejeune versuchten sich in der Lithographie. Durch Vermittlung von Graf Charles de Lasteyrie sollte Aloys Senefelder als Leiter einer Kaiserlichen Imprimerie lithographique nach Paris kommen, doch der Plan zerschlug sich. Senefelder übernahm den Posten eines königlichen Inspekteurs an einer staatlichen Lithographenanstalt. Johann Christian von Mannlich, der nicht zuletzt seiner Verdienste um die Lithographie wegen korrespondierendes Mitglied der Académie Française geworden war, übernahm die Kunstabteilung der zum Kauf angebotenen Senefelder'schen Steindruckerei. Die «Oeuvres Lithographiques», lithographische Nachzeichnungen von Originalen aus dem Zeichenkabinett der von Mannlich betreuten Sammlungen, ebenso die späteren Lithographien nach den Gemälden erregten die Aufmerksamkeit von Kennern und Sammlern im In- und Ausland. Steindruckereien waren inzwischen gegründet worden: In Turin, Mailand, Rom, in Zürich und Bern, in Holland, 1815/16 auch in Petersburg.

Von besonderer Bedeutung waren die Gründungen von Steindruckereien im Jahre 1816 durch Graf Lasteyrie und Godefroy Engelmann in Paris. Die Künstlerlithographie erfährt hier einen ungeahnten Aufschwung. Antoine Jean Gros lithographiert 1817 sein berühmtes Blatt »Desert Arab«. Pierre-Narcisse Guérin, Nicolas Toussaint Charlet, Carle und Horace Vernet, Jean Baptiste Isabey, Pierre Paul Prud'hon, Constant Bourgeois sind unter den Lithographen jener Zeit. Mit Feder, Kreide, Wischer und Schaber meistern sie die verschiedenen Techniken des Zeichnens auf Stein. 1817 entstehen die ersten Blätter von Théodore Géricault, 1818 bereits seine ersten lithographischen Meisterwerke. Mit Charlet fährt Géricault 1820 nach London, arbeitet in der Steindruckerei von Charles Hullmandel und läßt – als Maler des Gemäldes »Das Floß der Medusa« berühmt geworden – 1821 in London seine »Große englische Folge« erscheinen. Géricault setzt in seinen Lithographien Genie ein. »Was er anrührt, enthüllt und beseelt er mit neuem Leben«, wird Delacroix später von ihm sagen.

Mitten in diesem einzigartigen Aufbruch der Künstlerlithographie übersiedelte Aloys Senefelder 1819 für längere Zeit nach Paris. Einer der Hauptgründe mag die Herausgabe seines Lehrbuchs in französischer Sprache gewesen sein, auch das Projekt, künstliche Steine zu fabrizieren, das er schon mit Johann Anton André in Offenbach (mit dem er 1811 und 1816 wieder in enge Verbindung gekommen war) erörtert und vertraglich festgelegt hatte. Merkwürdigerweise wissen wir einstweilen noch nichts darüber, welche Verbindungen er zu den bedeutenden französischen Künstlerlithographen während seines Pariser Aufenthaltes unterhielt. Godefroy Engelmann war schon in München bei ihm gewesen, ebenso de Lasteyrie in den Jahren 1812 und 1814. Es ist anzunehmen, daß er mit ihnen in Paris wieder zusammentraf. Einzelheiten zu ermitteln, wäre eine lohnende Aufgabe der Senefelder-Forschung. Bis jetzt gibt es nur einige Anhaltspunkte für seine Beziehung zu Nicolas-Henri Jacob, der Senefelder 1819 in einer Kreidelithographie (bei Engelmann) porträtierte. In der französichen Ausgabe des Lehrbuches erschien auch ein anderes, sehr aufschlußreiches lithographisches Blatt von Jacob: »Der Genius der Erfindung der Lithographie«. Ein geflügelter

Nicolas-Henri Jacob. Der Genius der Erfindung der Lithographie. Aus der französischen Ausgabe von Aloys Senefelders Lehrbuch des Steindrucks, Paris, 1819

Genius, mit einer Flamme über dem Haupt und dem Kreidestift in der Hand, steht vor einer Frauengestalt, die von einer Sternpresse ein Blatt mit den Namen zahlreicher deutscher und französischer Lithographen abhebt. Auf dem Stein ist die Bezeichnung »Pierre de Bavière«, auf der Radnabe der Druckpresse »Munich« (mit dem Münchner Wappen) zu lesen, ein deutlicher Hinweis darauf, was der Steindruck in Frankreich Bayern und München zu verdanken hat. Durch eine Inschrift im oberen Teil des Bildes werden Aloys Senefelder, »L'inventeur de l'art lithographique«, André aus Offenbach, dem die »importation en France« zu verdanken ist, Engelmann und de Lasteyrie geehrt. Senefelder wird durch eine Plaketteninschrift auf der Brust des Genius der Lithographie zusätzlich ausgezeichnet. Hier steht: »L'Inventeur, tu vivras!«

Théodore Géricault.
Der Hufschmied.
Lithographie.
1821

In demselben Jahr, in dem die Erfindung Senefelders in einer so sinnfälligen Weise in Paris beschworen wird, lernt Francisco de Goya, 73 Jahre alt, in Madrid den Druck vom Stein kennen. Er lithographiert auch dann noch, als er Spanien verläßt und nach Bordeaux übersiedelt. Das Genie, das geifernden Atem des Schicksals, Panik, ratloses Lächeln auf verschatteter, von Blitzen zerrissener Bühne des Lebens in seine Gemälde und Radierungen dringen ließ, entdeckt den stofflich-sinnlichen Schmelz, das Ätherisch-Flüchtige der Lithographie. Leicht und kampflos ergibt sich der Zeichengrund auf dem glatten Stein. Es scheint, als habe Goya in Senefelders Erfindung genau das Medium gefunden, das er suchte.

Eugène Delacroix zeichnet zur selben Zeit, da Goya in Bordeaux lithographiert, eine Kreidelithographie nach einer Metope von der Südseite des Parthenon in London. 1826/28 entstehen seine lithographischen Illustrationen zu Goethes »Faust«. Erstmals tritt damit die ganzseitige Lithographie als hochwertige Buchillustration, nicht mehr als Bildbeigabe, wie in den verschiedenen lithographischen Lehrbüchern in Erscheinung. Auch zu Werken von Shakespeare, Walter Scott und Lord Byron schuf Delacroix Lithographien. Im übrigen sammelte schon Delacroix Lithographien von Goya, die nach Delacroix' Tode im Jahre 1863 in das Cabinet des Estampes in der Bibliothèque Nationale in Paris kamen. 1857 hatte Charles Baudelaire in »Présent« auf die Lithographien Goyas hingewiesen und sie bezeichnenderweise »Gemälde im Miniaturformat« genannt. Der Hinweis von Baudelaire, Lithographien könnten zu »Gemälden im Miniaturformat« werden, trifft genau die Entwicklung der Künstlerlithographie seit Géricault, Goya und Delacroix. Auch Auguste Raffet, der die Taten des großen Korsen in unübertroffenen Kreidelithographien glorifiziert – sein lithographisches Oeuvre umfaßt etwa 750 Blätter – gewinnt dem Druck vom Stein höchste malerische Qualität ab und zwar allein durch die Differenzierung der Töne vom samttiefen Schwarz bis zum hellsten Weiß. Selbstverständlich gehört die Lithographie, auch die farbige, der Technik nach zur »Graphik«. Sie hat sich aber schon verhältnismäßig früh in Werken von ausgesprochen malerischem Charakter vom Graphischen im Sinn einer Linienkunst gelöst.

Eugène Delacroix,
Antike Münzen,
Lithographie,
1825

Eugène Isabey, Richard-Parkes Bonington, Paul Huet und Jules Dupré zum Beispiel, sind Meister der malerischen Lithographie mit zarten Grau-Abstufungen. Freies, allseitiges Licht wird in den Zeichnungen auf Stein aufgefangen und beim chemischen Druck atmosphärisch und nuancenreich wiedergegeben. Auch Carl Blechen bringt solche lichthaltigen malerischen Lithographien hervor. Wenn Pierre Bouvier 1827 schreibt, man müsse sich »in freier Luft und auf offenem Felde zum Malen anschicken, um die Wirkung der Lichtart in der Natur nachzuahmen«, so erfüllen die besten Lithographen jener Zeit in ihren Blättern der Crayon-Manier diese Forderung. Natürlich benützten auch andere stilistische Richtungen die Lithographie, so gibt es natürlich auch die zeichnerische, das Lineare betonende Künstlerlithographie. Die künstlerischen Möglichkeiten der Erfindung Senefelders in der Wiedergabe von Licht und Luft stehen jedoch genau in dem Augenblick zur Verfügung, in dem sich die Fortschrittlichsten unter den Malern akademischen Einflüssen entziehen und die differenzierte Wiedergabe des Lichtes im freien Raum anstreben. Dies gilt vor allem für die Lithographen in England, denen C. Hullmandel in seinem Buch »The art of drawing on stone« (1824) hervorragende Anleitungen an die Hand gab. Nach den bemerkenswerten Anfängen zwischen 1801 und 1803 kam es zu einer neuen Phase meisterhaften Lithographierens.

Die Lithographie konnte durch ihre chemischen und technischen Besonderheiten Wesentliches dazu beitragen, der bildenden Kunst jener Zeit (bis hin zum Impressionismus) neue Anwendungsmöglichkeiten zu verschaffen. Die Lithographie wurde zum Mittler zwischen Graphik und Malerei. Von dieser Position aus beeinflußte sie eine neue Bildtechnik, durch die man ab 1822 Bildvorlagen mit Hilfe des Lichtes auf eine Platte, Ende der Zwanziger Jahre ortsgebundene, lichtechte Bilder auf versilberte Kupferplatten bannte, um sie schließlich als Negative kopieren zu können. Der Wirklichkeitscharakter dieser neuen Bildtechnik, der Fotografie, wird vom Licht, um das sich auch die Lithographen bemühten, geprägt. Das Licht, bevorzugtes Objekt der malerischen Lithographie, wird selbsttätiges Subjekt, das

Auguste Raffet, Genius überreicht Napoleon den Lorbeerkranz (Gloire Napoléon), Lithographie

Bilder hervorbringt. »Mit der Erfindung der Fotografie tritt eine Naturkraft, das Licht selbst, auf den Plan. Es wird technisch nutzbar gemacht, um die Bilder in der optischen Camera, die das Licht dort selbst hervorruft, auch festzuhalten« (J. A. Schmoll gen. Eisenwerth). Die chemische Lithographie hat zweifelsohne diesen Schritt miteingeleitet und bestimmt, nicht nur vom Technischen her. Die maßgeblichen Erfinder der Fotografie, Nicephore Joseph Nièpce und Louis Jacques Daguerre, waren geschickte Lithographen.

Von der epochemachenden Erfindung der Fotografie blieb allerdings einer der genialsten Lithographen unberührt, wenn er sie auch in das Kaleidoskop seiner karikierenden Bildreportagen mit einbezog: Honoré Daumier. Seine ersten Blätter hatte er 1822/24, nach dem Aufenthalt Senefelders in Paris, bei Engelmann und Lasteyrie drucken lassen. 1830 erschienen Lithographien von ihm in der von Balzac mitbegründeten Zeitschrift »La Silhouette«. Ab 1832 setzte seine lithographische Produktion für die Wochenzeitung »La Caricature« und für die

Honoré Daumier, Rue Transnonain (Massaker). Lithographie, 1834

Tageszeitung »Le Charivari« ein. Nur in den Jahren 1860/63 unterbrach er diese Tätigkeit, um sich als Maler zu betätigen. Bezeichnenderweise beendete er dennoch als Lithograph sein Werk. Wir kennen rund 4000 Lithographien seiner Hand, – ein immenses Oeuvre, das ergänzt wird durch Gemälde und Plastiken.

Mit der Arbeit Daumiers und anderer Mitarbeiter des Verlegers Philipon ist die Lithographie in ein neues Stadium getreten: Sie verläßt die spezifische Kategorie des Artistischen und wird Bestandteil des Journals. Die Druckmaschinen der Tagespresse fressen Daumier die Lithographien sozusagen aus der Hand und speien sie in Massenauflagen aus. In einer Flut aufeinanderfolgender Bilder trägt Daumier seine politischen Anklagen, seinen Spott und Hohn vor. Neben den Zyklen gibt es Einzelblätter, die an Baudelaires Wort von den »Gemälden im Miniaturformat« denken lassen. Als Hauptbeispiel greifen wir die im Todesjahr Senefelders erschienene Lithographie »Rue Transnonain« heraus. Sie bezieht sich auf das Massaker vom 15. April 1834. Soldaten haben eine unschuldige Familie erschossen. Die Leichen zweier Männer, eines Kindes und einer Frau liegen auf dem Boden einer Kammer. Die Komposition der Daumier'schen Lithographie legt einen Vergleich nahe mit ähnlichen Kompositionen innerhalb des berühmten Gemäldes »Die Freiheit führt das Volk an«, das Eugène Delacroix im Revolutionsjahr 1830 geschaffen hat. Hier schreitet die Allegorie der Freiheit über die am Boden liegenden Opfer hinweg, die ähnlich wie in der Daumier'schen Lithographie hingestreckt sind. Bei Daumier schneidet jedoch der obere Bildrand der Lithographie über der Szene des Todes ab. Hier findet keine Auferstehung in Freiheit statt. Die Antwort Daumiers ist voller Pessimismus: Verbrechen und Tod beherrschen die Szene, brutale Macht entscheidet über Leben und Tod der Menschen. Vielleicht, daß die Lichtbahn über dem Körper des erschossenen jungen Mannes ein Hinweis auf Hoffnung sein soll. Jedenfalls wurde hier ein lithographisches Blatt, – im Juli 1834 unter großem Zulauf öffentlich ausgestellt, dann jedoch von der Behörde beschlagnahmt, – zum programmatischen Gegenstück des Gemäldes von Delacroix. Daumier mißt diesem Blatt den autonomen Rang eines Bildwerkes zu, das innere Monumentalität besitzt.

Ein wichtiges Kapitel in der Geschichte des Steindruckes stellt die Farblithographie dar. Schon Senefelder dachte bei seiner Erfindung nicht nur an die schwarzweiße Wiedergabe von

Theobald und Clemens Senefelder, Christoff Graf zu Orttenwerg. Farblithographie aus Nachbildung eines Blattes im Turnier-Buch des Herzogs Wilhelm IV. von Bayern, 1817. (Original von 1541)

Schrift, Musiknoten, Handzeichnungen, sondern auch an Bilder mit malerischem Charakter. Dies läßt sich aus den Farbversuchen ableiten, die der Erfinder selbst unternahm. Bereits in seinem Antrag, der ihm 1799 das Privilegium exclusivum des Bayerischen Kurfürsten einbrachte, und in seiner Londoner Specifikation von 1801 spricht er vom Farbdruck. In seinem »Musterbuch« führt er unter dem Titel »Erhobene Manier« auch den »colorierten und illuminierten Abdruck, beide mit mehreren Platten« an. Senefelder teilt mit, er habe im Farbdruck solche Fortschritte gemacht, »daß ich außer den mit Farben illuminierten Bildern auch noch den Ölgemälden ganz ähnliche Abdrücke liefern kann«. Diese Nachricht kann mit einem Blatt in mehreren Farben zu Feyerbach-Gönners »Allgemeinem Bürgerlichen Gesetzbuch für Bayern« aus dem Jahre 1808 belegt werden. 1809 entstanden zum Teil colorierte Karten. Während der bereits 1807 praktizierte Tondruck von zwei Platten vervollkommnet wurde, bereitete jedoch der Farbdruck von mehreren Platten ziemliche Schwierigkeiten. Erst 1817 lassen sich mit Silber und Gold bedruckte Lithographien nach dem »Turnierbuch Herzogs Wilhelm IV. von Bayern von 1510/45« nachweisen, die Theobald und Clemens Senefelder auf den Stein gezeichnet haben. In seinem »Lehrbuch« (1818) stellt Senefelder die Frage, wie die Lithographie »einer Malerei oder einem in Farben gedruckten Kupferstich ähnlich werden kann, oder ob sie einem illuminierten Kupferstich ähnlich sein soll«. An anderer Stelle heißt es: »Der Druck mit mehreren Farben ist eine Manier, die dem Stein vorzüglich eigen und einer solchen Vollkommenheit fähig ist, daß man mit der Zeit wahre Gemälde dadurch verfertigen wird«. Im Anhang seines »Lehrbuches« erläutert Senefelder außerdem den »Druck mit Wasser- und Ölfarbe zugleich«. Dabei nimmt er sich den »englischen oder französischen Farbendruck der Kupferstiche« zum Vorbild.

Farblithographische Nachbildung alter Buchkunst

Vielen ist die Tatsache unbekannt, daß J. A. Barth in Breslau bereits 1818 sein farbig illustriertes Werk mit den »Hauptszenen des Friedensvertrages von 1815« im Fünf- und Sechsfarbendruck herausbrachte. 1818/19 legte Joseph Lanzedelly in Wien vorzügliche Farblithographien vor, die als die besten jener Zeit überhaupt gelten dürfen. In München beschäftigte sich Franz Weishaupt intensiv mit dem Farbendruck. 1823 erschienen seine ersten farbigen Blätter zu »Reise in Brasilien« (fortgesetzt 1828 und 1831). 1833 druckte die lithographische Anstalt von C. Hildebrandt die Farbfolge »Ornamente aller klassischen Kunstepochen«. 1835 erschienen bei Charles Hullmandel in London Faksimiledrucke nach Malereien in einem ägyptischen Grab, 1836 die Farblithographien von Owen Jones, welche die Alhambra darstellen.

Alle diese Farblithographien sind Beweise dafür, zu welchen technischen Leistungen der lithographische Steindruck fähig geworden war. Hinsichtlich ihrer malerischen Qualitäten blieben sie jedoch hinter der Malerei zurück, während die Schwarzweißlithographien der späten Zwanziger- und frühen Dreißiger Jahre eigenständigen malerischen Bildcharakter gewonnen hatten. Eine Wende brachte der Dreifarbendruck, den Godefroy Engelmann erfand. Im Dezember legte er seine ersten Abzüge, 1837 sein Album »Chromolithographie« vor. Kurz vorher hatte er sein Verfahren noch »Lithocolore« genannt. Im Vorwort seines Albums schreibt Engelmann: »Lithographie in Farben, – ist das nicht eine Vollkommenheit, die aller Forschung wert war! Die Farblithographie hat nun einen solchen Grad der Perfektion erreicht, daß ich glaube, sie ist endlich am Ziel ihres ersten Entwicklungsstadiums angekommen. Eine neue Ära beginnt.« Wie recht Engelmann hatte, beweisen vor allem die 1839 bei Charles Hullmandel gedruckten Farblithographien »Picturesque Architecture« von Thomas Shotter-Boys, die ohne jede Retouche entstanden. Ihr besonderer Wert liegt darin, daß sie Originale, nicht mehr farbige Nachbildungen sind.

Bevor dann gegen Ende des 19. Jahrhunderts die künstlerische Farblithographie aufs neue dazu beitrug, daß auch Originalgraphik Maßstäbe für hohe Kunst setzte, wirkte sie auch auf die Entwicklung der Plakate ein. Das schwarz-weiße Informationsblatt hat es schon in der Frühgeschichte der Lithographie gegeben. Die Buch- und Zeitungsverlage in Frankreich entwickelten die »affiches intérieurs« und die »affiches extérieurs«. Es erschienen die »réclames de magazins«. Vor allem in England setzte sich das lithographierte Plakat durch. Auf der Weltausstellung in London im Jahre 1851 standen die papierenen Wetterfahnen der wirtschaftlichen Konjunktur im Blickpunkt. Jules Chéret brachte das farbige Plakat nach Paris mit. Eugène Grasset und Toulouse-Lautrec gaben ihm eine künstlerische Note. Die Plakat-Kunst hat der Lithographie viel zu verdanken. Was Godefroy Engelmann schon 1837 vorhergesagt hatte, verwirklichte

Blick in die
Steindruckerei
von Peter Wagner,
Karlsruhe

sich: »Das Genie der Künstler wird die Entdeckung der Farblithographie befruchten, die schönen Künste werden bald, wie an den heute bewunderten Schwarzweiß-Lithographien, auch am Farbdruck Gewinn haben«.

Seit den 20er Jahren fand die Künstlerlithographie das Interesse der Kunstwissenschaft. Curt Glasers »Graphik der Neuzeit« und Elfried Bocks »Geschichte der graphischen Kunst« (1922 und 1930) zeugen dafür. Die Arbeiten von Jean E. Bersier, A.F. Korostin, Jean Adhémar und Léon Lang schlossen sich an. Wichtige Arbeiten über die Lithographie erschienen seit den Fünfziger Jahren: Hans Platte, Felix H. Man, Gustave von Groschwitz, Edmundo Gorman und Justino Fernandez, Augusto Calabri, Claude Roger-Marx, Peter Halm beschäftigten sich mit dem Thema. Auch der Verfasser dieses Beitrages hat eine »Geschichte der Lithographie« verfaßt.

Heute wie ehedem gilt, was Henri Jacob vor rund 160 Jahren auf seinem Blatt »Der Genius der Erfindung der Lithographie« niederschrieb: »Inventeur, tu vivras!«

Wilhelm Weber

Aloys Senefelder,
Daten zum
Leben und Wirken

1771	6. November. Aloys Senefelder wird in Prag, Rittergasse, geboren. (Gedenktafel seit 1871).
	7. November Taufe. Der Vater, Franz Peter Senefelder aus Königshofen in Franken (geb. 1744), war Schauspieler am Deutschen Ständischen Theater in Prag, er hatte 1770 die Pragerin Katharina geb. Volck geheiratet.
1772	Übersiedlung der Familie nach Wien, dann nach Heilbronn, hier Geburt der Schwester Monika. Zwei weitere Geschwister werden während des Aufenthaltes in zwei fränkischen Städten tot geboren.
1775	Geburt der Schwester Magdalena in Mannheim. Der Vater, Peter Senefelder, gehört zum Ensemble des Kurfürstlichen Hoftheaters unter Carl Theodor.
1777	Geburt von Bruder Theobald Senefelder in Hanau.
1778	Nach langem Wanderleben siedelt die Familie Senefelder nach München über. Hier spielt Peter Senefelder im Ensemble des Kurfürstlichen Hoftheaters. In München kommen Aloys' Brüder Georg (1778), Karl (1786), Clemens Joseph (1788), Joseph Peter (1791) und die Schwester Charlotte (1783) zur Welt. Die älteste Schwester Magdalena heiratete Schauspieldirektor Hansen. Theobald und Georg begannen als Schauspieler (vorübergehend auch in Leipzig und Dresden), wechselten dann in lithographische Druckstätten über. Auch Clemens wurde Lithograph, ebenso Karl. Clemens war der begabteste Zeichner der Familie. Karl hielt sich vorübergehend in Amerika auf. 1833 gab er ein technisches »Lehrbuch der Lithographie oder leichtfaßlicher und gründlicher Unterricht« in Regensburg heraus.
1783	16. Oktober. Aloys Senefelder tritt in das kurfürstliche Gymnasium in München ein. Zeichnet sich besonders in den Fächern Chemie, Physik, Mechanik aus. Klavier- und Gesangsunterricht bei Anton Ferchl, Vater des Inkunabelsammlers Franz Maria Ferchl. 1787 Wechsel ins

Heute Montag den 13. Hornung 1792
haben
einige Theaterfreunde die Ehre, auf der hiesigen
Nationalschaubühne
aufzuführen:

Die Mädchenkenner,
oder
So ein Gelehrter, und nur Famulus?

Ein Lustspiel in 3 Aufzügen von Aloys Senefelder.

Personen:
Der geheime Rath, — Hr. Fleischmann.
Henriette, seine Tochter, — Mlle. Brochard.
Baron Wilhelm von Strahlheim, — Hr. Mair.
Baron Fritz von Strahlheim, — Hr. Kürzinger, der ält.
Graf von Lindthal, — Hr. Kürzinger, der jüng.
Johann, Bedienter des geheimen Raths, — Hr. Hermanstein.

Die Logen sind für die Eigenthümer durchgehends frey, auf den übrigen Plätzen wird aber niemand ohne Freybillet eingelassen.

Der Anfang ist um halb 6 Uhr.

Kurfürstliche Lyceum. Über seine Beziehungen zum Theater schrieb Aloys später: »Seit meiner frühesten Jugend hatte ich Gelegenheit, viele Theaterstücke zu sehen und zu lesen, wodurch ich eine besondere Vorliebe für diesen Zweig der Dichtkunst und für das Theater überhaupt erhielt«.

4. September Aushändigung des Lyceum-Abschlußzeugnisses: »Aloysius Senefelder, Physicae, Mathesi sublimori, et Oeconomiae eam impendit operam, ut Ingenio praestantissimo et profundo, ac Diligentia indefessa ex omnibus praedictis scientiis Profectum inter tres primos optimos prorsum insignem fecerit«. — 1789

Schon während seiner Schulzeit verfaßte er das für eine Faschingsveranstaltung vorgesehene Theaterstück »Die Mädchenkenner oder: So ein Gelehrter und nur Famulus?«

Eine Jahressubvention von 120 Gulden der Kurfürstin Maria Anna erlaubt Aloys Senefelder den Beginn des Studiums der Jurisprudenz und Cameralwissenschaft an der Universität Ingolstadt. — 1790

Franz Hanfstaengel,
Bildnis
Aloys Senefelder,
Lithographie,
1834

ALOIS SENEFELDER
Erfinder der Lithographie,
geb. den 6. November 1771, gest. den 26. Februar 1834.

1792   13. Februar Aufführung des 1791 geschriebenen Stückes »Die Mädchenkenner« durch Vermittlung des Vaters am Kurfürstlichen Hoftheater. Josef Lentner in München verlegt den Dreiakter, Franz Seraphin Hübschmann druckt das Stück.

4. August Tod des Vaters. Aloys will seine chemischen Kenntnisse verwerten, indem er sich mit Versuchen auf dem Gebiet der Färberei beschäftigt.

1793   Beendigung des Studiums. Schlußzeugnis vom 19. August. Ankündigung einer »Neuen vollständigen Lehre der Mechanik«, Plan jedoch nicht ausgeführt.

Er widmet sich der »dramatischen Kunst als Dichter und Schauspieler« und wird Mitglied bei Wandertheatern in Regensburg, Nürnberg, Erlangen, Augsburg, »wo ich hinlänglich Not und Ungemach erlitt«. In Nürnberg soll er bei der Truppe von Franz Anton von Weber, Vater von Carl Maria von Weber, gewesen sein. Als Fortsetzung von Babos Lustspiel verfaßt er »Das Bürgerglück«, das Schauspiel »Die Tischlerfamilie«, sowie das Schauspiel »Die Goten im Orient«.

Bis 1794 immer noch bei Wandertheatern. Läßt Bögen seines Schauspiels in fünf Akten »Mathilde von Altenstein oder: Die Bärenhöhle« in der Druckerei Hübschmann in München, dann bei Lindauer drucken (verlegt bei Lentner). Kümmert sich selbst um den Druck, der dem Kurfürsten Carl Theodor und der Fürstin Carolina von Ysenburg dediziert ist. »Ich dichtete in einer Lage, wo meine Seele trüb war; wo ich, bloß um dem Drang meiner Gefühle Luft zu schaffen, mich in die Dichterwelt begab, weil mein Herz in der wirklichen keine freudige Beschäftigung fand.« Nachdruck von »Mathilde von Altenstein« 1794 in Augsburg.

Aloys Senefelders Stück »Genoveva« im Kurfürstlichen Hoftheater aufgeführt. Weitere Theaterstücke wie »Wilhelm von Lautern«, »Irrtum und Reue«, »Werner von Schwarzenbach«, möglicherweise auch »Der Bruder von Amerika«, sollen nach Ferchl nicht von Senefelder stammen. Jedoch schrieb er den Text zur Komischen Oper »Siegfried oder: Die schnelle Wendung«.

Um sich als Schriftsteller zu ernähren, will   1794
Aloys »eigene Geistesprodukte selbst drucken und so mit Geistes- und körperlichen Arbeiten gehörig abwechseln können; ich fand, daß die Buchdruckerei für mich gar nicht schwer zu erlernen sein würde ... Hätte ich das nötige Geld gehabt, so würde ich mir damals Lettern, eine Presse und Papier gekauft haben, und die Steindruckerei wäre wahrscheinlich sobald noch nicht erfunden worden.«

Er richtete ein Gesuch an Kurfürst Carl Theodor, »durch eine gnädigste Geldunterstützung in den Stand gesetzt zu werden, das Glück in der Fremde zu versuchen«. Die Antwort: »Auf den Supplicanten ist mit einiger Abfertigung in Geld zu reflektieren«. Genehmigt werden nur 25 Gulden.

Senefelder empfiehlt sich als »Mechaniker   1795
für Maschinenbauten«. Versuche, vertiefte Lettern in Stahl zu stechen und die Matrize in Birnbaumholz zu schlagen, um sie, »wie einen Holzschnitt abzudrucken«. Erprobung eines anderen Verfahrens zur Schriftgewinnung: Herstellung eines rasch trocknenden Teiges aus Ton, feinem Sand, Mehl und Kohlenstaub, in den Lettern eingedrückt werden. Eine Kolumne oder eine ganze Seite wird durch Ausgießen des Negativs mit Siegelwachs und fein verriebenem Gips und durch Abdruck mit Druckerschwärze und Ballen gewonnen. Infolge Geldmangels und fehlender Materialien Einstellung dieser Versuche.

Dritter Versuch: Buchdruckerschrift mit Stahlfeder verkehrt auf eine mit Ätzgrund überzogene Kupferplatte einzuschreiben und beim Kupferdrucker abdrucken zu lassen. Die im Studium gewonnenen chemischen Kenntnisse kommen Senefelder zugute. Erprobung dünner Deckmasse für die Kupferplatte, die durch Zinn, schließlich durch eine Kehlheimer Steinplatte ersetzt wird. Herstellung der »schwarzen Tinte aus Wachs, Unschlittseife, Kienruß und Regenwasser. Den Stein benutzt Senefelder zunächst nicht, in dem Gedanken, vom Stein selbst zu drucken, sondern lediglich deswegen, weil sich »die breiten Striche der Buchstaben mit einem Zug viel reiner darstellen«.

1796 Übergang von der Versuchsarbeit in »vertiefter Art des Steindrucks« zur »erhobenen Manier«. Beide Verfahren bezeichnete Senefelder als »rein mechanische Manier«. Stichhaltig ist sein Hinweis: »Ich erfand nicht durch Zufall, sondern nur auf diesem durch emsiges Nachdenken vorgezeichneten Wege die Steindruckerei«. Die vertiefte Manier des Steindrucks basierte auf der Theorie des Kupferdruckes. »Auf erhabene Art zu ätzen und nach Weise der Holzschnitte Abdrücke zu machen, wurde der eigentliche Anfang meiner lithographischen Laufbahn.«

Episode des Niederschreibens eines Wäschezettels auf Stein mit Senefelders Spezialtinte. Ätzen der Steinplatte: »Ich fand die Schrift bis auf ein Zehntel einer Linie oder ungefähr auf die Dicke eines Kartenblattes erhöht«. Die Abdrucke gelangen gut, insbesondere durch eine »neue Art Frankfurter Schwärze«, die Riegel in München herstellte.

Um das Druckverfahren fürs erste praktisch auszuwerten, fehlten Senefelder die finanziellen Mittel. Plan, für ein Handgeld von 200 Gulden den Militärdienst eines Bekannten bei der Artillerie in Ingolstadt zu übernehmen. Als gebürtiger Prager darf er jedoch nicht in den bayerischen Militärdienst eintreten. »Den gescheiterten Plan ersetzte ich durch ein neues Projekt; ich wollte meine Schriftstellerei aufgeben und bloß Drucker um Lohn werden«.

Idee und Versuch, mit Hilfe der »erhobenen Manier« Noten zu drucken und damit »Musikalien weit schöner als bisher zu liefern«. Musiker Schott wies Senefelder auf den Hofmusikus Franz Gleißner hin, bei dem Senefelder schon während seiner Theaterzeit einige Arien hatte komponieren lassen. Gleißner (geb. 1759 in München, gest. 1818) stand seinerseits mit dem 1760 geborenen Dechant Simon Schmid in Verbindung, der an der bürgerlichen Realschule zu Unserer lieben Frau, sowie an der kurfürstlichen Militär-Akademie, u. a. auch Logik und Physik unterrichtete. Bald nach 1785 hatte sich Schmid damit beschäftigt, Schriften auf Kehlheimer Steinplatten zu ätzen, – ein Verfahren, das bereits um die Mitte des 16. Jahrhunderts von dem Augsburger Buchdrucker Philipp Uhlhard angewandt worden war und sich rasch verbreitete. Schwerpunkt dieser Steinätzung um 1600 auch in Regensburg unter Andreas Pleninger. Wiederaufnahme dieser Technik um die Mitte des 18. Jahrhunderts auch in Augsburg. Ein älteres Verfahren ist der Steinschnitt. Aus dem Jahre 1397 ist ein Christusbild bekannt, das abgedruckt wurde. Noch während seiner Zeit als Reallehrer in München druckte Schmid geätzte Frakturbuchstaben ab. Nach Lektüre eines Nürnberger Buches »Kunst- und Werkschule« machte Schmid »die Zeichnung eines Vogels nach Art eines Holzschnittes und teilte einige Abdrücke den Herren Westenrieder und Rektor Steiner mit, die mich ermunterten, mehrere derlei Zeichnungen zum Gebrauch der deutschen Schulen zu verfertigen; es kamen mehrere Hefte zum Vorschein, – eine von sechs Tabellen von dem menschlichen Körper, eine von Giftpflanzen, Landkarte, geometrische Zeichnung etc.... Noch verdient bemerkt zu werden, daß ich mit Herrn Senefelder keinen Umgang pflegte, obgleich ein Bekannter desselben, Herr Hofmusikus Gleißner, sich etlichemal bei mir einfand und über dieses und jenes sich besprach«.

Steine dieser Art vom Jahre 1788, darunter auch eine Afrika-Karte, lagen noch vor, als Schmid im Auftrag des Kronprinzen Ludwig dem damaligen Galerie-Inspecteur Georg von Dillis einen Bericht über seine Steinätzungen übergab und Johann Christian von Mannlich,

Steinplatte, für den Notendruck präpariert

Kaspar Auer, Bildnis Simon Schmid, Lithographie, 1819

Direktor der Königlichen Centralgalerie in München, seinerseits 1819 Stellung zum Prioritätsstreit Schmid–Senefelder nahm. Nach seiner Versetzung nach Wiesbach am Schliersee hatte Schmid seine Versuche aufgegeben. Mannlich bezeugt: »Schon zu einer Zeit, wo Senefelders Namen als Lithograph noch ganz im Dunkel lag, hatte Schmid brauchbare Steine teils in erhabener, teils in vertiefter Arbeit und zwar zu hunderten von Abdrücken vervielfältigt.« (Mannlich in »Bericht über die Erfindung der Steindruckerei«, auch in Mannlichs nicht übersetztem Teil seiner Lebenserinnerungen.)

Gleißner, der zweifelsohne Schmids Versuche kannte, ermutigte Senefelder zum lithographischen Druck von Noten, ermöglichte den Kauf von Steinplatten, Papier etc. und ließ zunächst den »Feldmarsch der Churbayerischen Truppen«, dann einige Kompositionen von sich durch Senefelder drucken. Diese Musikalien (Auflage 120 Stück) wurden an den Musikalienhändler Macarius Falter in München verkauft. Während die Kupferstichnoten bis zu 30 Kronen kosteten, erlaubte der Steindruck einen Preis von nur 6 Kronen. Der Hofkammerpräsident Graf von Törring ließ Kurfürst Carl Theodor einen ersten Abdruck des Gleißner-Senefelder-Notendruckes »Zwölf Neue Lieder mit Begleitung des Claviers« überreichen. 100 Gulden und das – von Carl Theodor nicht eingelöste – Versprechen eines Privilegs waren die Antwort.

Unter dem Firmennamen »Gleißner & Senefelder« wurden mehrere musikalische Kompositionen gedruckt. Vorgesehen war auch, gemäß einem Accord mit Gräfin von Herting, der Druck einer Cantate des früher in Mannheim wirkenden, jetzt in München zum Musikdirektor aufgestiegenen Christian Cannabich auf den Tod Mozarts im Jahre 1791. Während 1796 »Vierzehn Variationen für das Pianoforte von Cannabich« (zwölf Blätter mit 23 bedruckten Seiten), sowie »Pastoral-Orgelstücke« von G. Berger und »Zehn Variationen von Henri Marchand« erschienen, konnte die Cannabich-Kantate nicht fertig gedruckt werden. Die Walze der kleinen Kupferpresse, die Senefelder zur Verfügung stand, war gesprungen.

1797   Senefelder erfindet und baut seine erste Stangenpresse aus Holz, die früheste Spezialsteindruckpresse mit dem sogenannten Reiber anstelle der Walze. Die Drucke werden durch gleichmäßiges Bewegen des Reibers auf dem Papier erzielt, das durch einen Klapprahmen auf den Stein gelegt wird. Für die Entwicklung des Steindruckes war die Konstruktion einer Spezialpresse von großer Bedeutung. Die Begabung Senefelders für Mechanik unterstützte ganz entscheidend seine drucktechnischen Erfindungen. Schon während seines Studiums hatte, wie schon erwähnt, Senefelder die Absicht gehabt, eine »neue vollständige Lehre der Mechanik« zu schreiben.

Die neue Presse erwies sich jedoch zunächst als schwer zu handhaben. »Von meinen sechs Arbeitern konnte nicht ein einziger die äußerst einfache Manipulation des gleichförmigen Hin- und Herreibens lernen, unter sechs Abdrücken kam kaum einer ganz vollkommen ans Tageslicht.« Der Erfindung der Stangenpresse waren Konstruktionsversuche vorangegangen, wonach der Druck »nach Art der Buchdruckerpressen senkrecht, von oben herab, mit einemmale geschehe.« Bei einem solchen Versuche wäre Senefelder beinahe von einem Stein erschlagen worden. Die neue, nicht richtig funktionierende Stangenpresse brachte der Firma Gleißner & Senefelder nicht nur Schulden, sondern auch »Spott und Hohngelächter unserer durch die ersten Fortschritte erweckten Neider« ein.

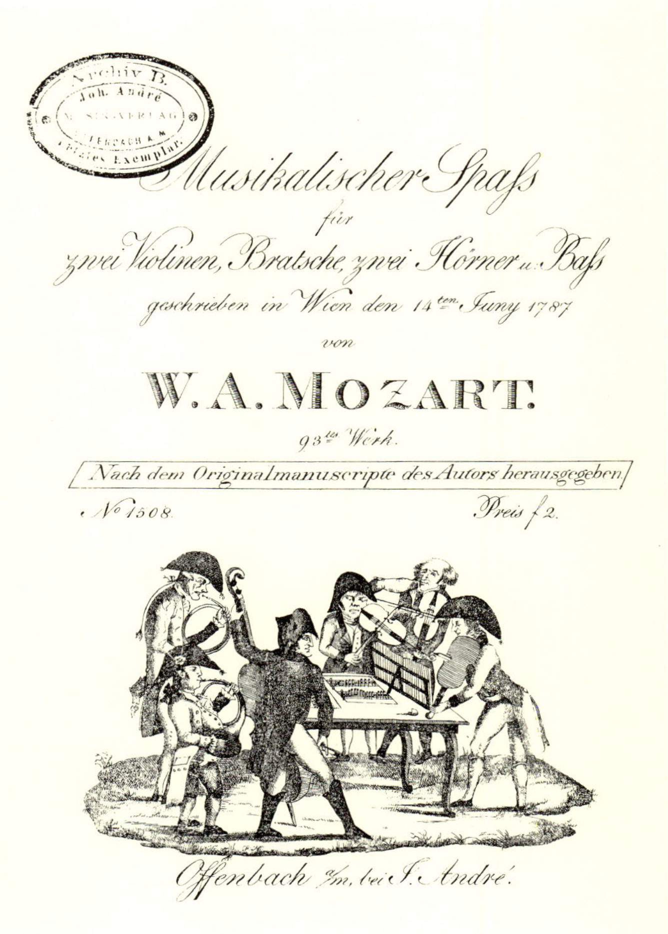

Steindruckpressen
von Aloys Senefelder.
Lithographische
Darstellungen
und großes Modell,
Deutsches Museum,
München

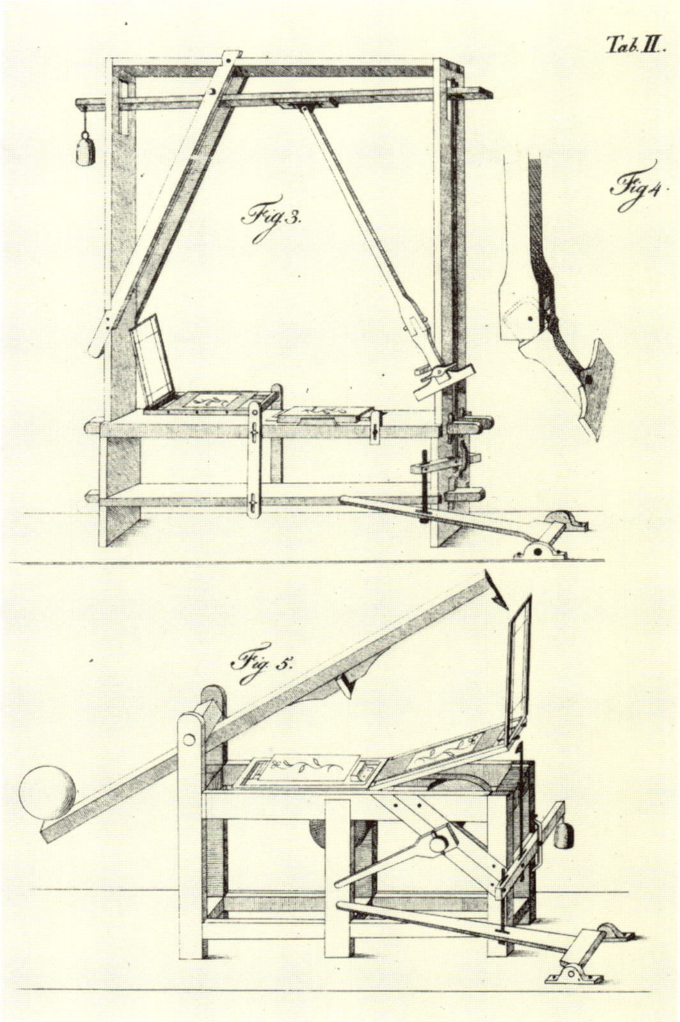

Kleine
Handpresse für
Lithographischen
Druck.

Werkzeuge

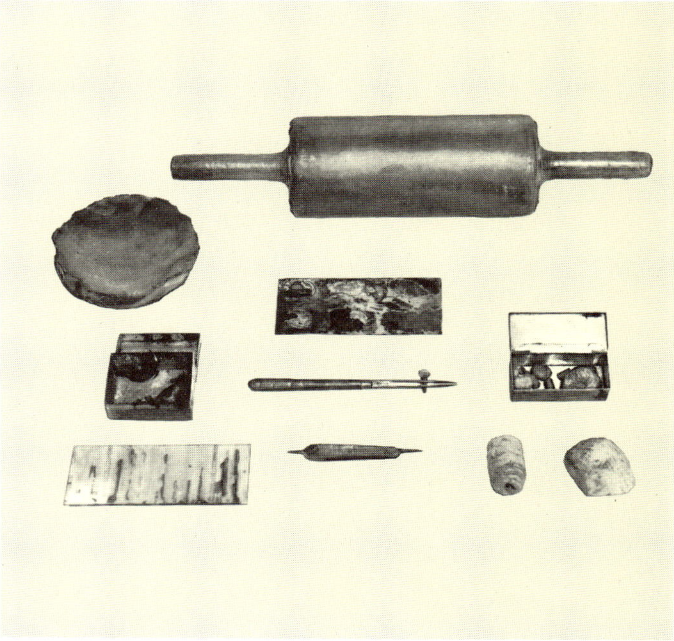

Auf Kosten Falters läßt Senefelder eine große Walzenpresse bauen. An Geschwindigkeit steht diese Presse mit zwei Walzen der Stangenpresse nach, »hingegen ist der Druck weit sanfter senkrechter und weniger geschoben.« Druck Senefelders der von Danzi in Quartette arrangierten Oper »Zauberflöte«, auch von drei Sonaten von Haydn.

30. August, Datum des »Imprimatur« im Heft »Der Brand von Neuötting/Ein Paar fliegende Blätter zur Weckung des Mitleides« (verlegt bei Josef Lentner, München) mit abschließendem Lied und der von Senefelder gezeichneten Vignette eines brennenden Hauses, – die erste bildliche Darstellung im Steindruckverfahren überhaupt.

Aloys Senefelder, Landschaft mit Gehöft und Rundturm, Lithographie, 1799

Diese erste Steindruckzeichnung veranlaßte den ehemaligen Priester und späteren Schulrat Johann Michael Steiner, der Senefelder u. a. einen Zuschuß der Schulbehörde von 30 Gulden zum Bau der Stangenpresse verschafft hatte, mit Senefelder näher in Verbindung zu treten. Zunächst unternimmt Senefelder einen neuen, nicht in die Praxis umgesetzten Versuch, Noten auf Steinplatten in der Steindruckpresse zwischen Buchstaben, gedruckt auf der Buchdruckerpresse, einzufügen. Die Notenschrift zeichnete er mit einer Stahlnadel in eine Masse aus Gips, Butter, Alaun und Wasser auf einer Steinplatte mit dunklem Grund. Die Einzeichnung wurde mit warmem Siegelwachs ausgefüllt, die Masse abgelöst, »die Zeichnung oder Schrift erschien in erhöhtem Wachs äußerst rein, gleich einer Holzschnitt-Tafel.« Senefelder spricht davon, daß er versuchte, »diese Schriften in Materie aus Blei, Zinn und Wismuth abzuklatschen, – eine ganz eigene Druckmanier, welche voraus hätte, daß man die Schriften und Zeichen nicht verkehrt zu machen brauchte.« Erste Überlegungen, den Druck von Cattun-Mustern (bisher im Holzschnitt) zu verbessern.

1798 Der für Technik und Geschichte der Lithographie entscheidende Vorgang war erfolgt: Übergang vom mechanischen Druck zum chemischen Steindruck, dem eigentlichen, die bisherigen Druckverfahren revolutionierenden Flachdruck. Die Zeichnung, mit einer Gummiarabikum-Lösung und einem Zusatz von Salpetersäure bedeckt, nimmt die Farbe zum Druck an, die übrige Fläche stößt die Farbe ab. Die Mischung der Litho-Tinte wurde durch Beimischung von Collophonium, festem Ölfirnis, durch Gummielastikum, Terpentin, Mastix verändert. »Es ist nicht übertrieben, wenn ich versichere, daß mich diese Sache mehrere Tausend Versuche kostete«. Bevor vom Stein gedruckt wurde, präparierte Senefelder Papiere, die er auf Stein überdruckte. Der erste Überdruck eines Bildes: Ein Kupferstich mit dem Bildnis Jesu (»Der Liebenswürdigste«) des Augsburger Kupferstechers Schön durch Senefelder.

1799 Erste Kreidelithographie von Aloys Senefelder: »Landschaft mit Torbogen und Rundturm«. Unterweisung der Brüder Theobald und Georg im chemischen Steindruck.

3. September Ausstellung des Kurfürstlich-Bayerischen »Privilegium exclusivum« für Aloys Senefelder und Franz Gleißner und deren Erben durch Kurfürst Maximilian Joseph auf 15 Jahre. Bei Strafe von 100 Dukaten sollte »es niemand erlaubt sein, eine ähnliche Druckerei in Bayern und in der Oberen Pfalz zu errichten.« Das Privileg bezieht sich auf »alles, was man auf Stein drucken kann, sowohl schwarz als in Farben.« Diese Formulierung weist aus, daß Senefelder seit der chemischen Behandlung des Papiers und des Steins im Jahre 1798/99 auch schon an den Farbdruck gedacht und ihn erprobt hatte. Er selbst schreibt: »So nahmen keine fetten, sondern nur nasse Stellen die Farbe an, und ich konnte mit Wasserfarben drucken,

Schriftliche Vereinbarung ihrer Zusammenarbeit von Franz Gleißner und Aloys Senefelder

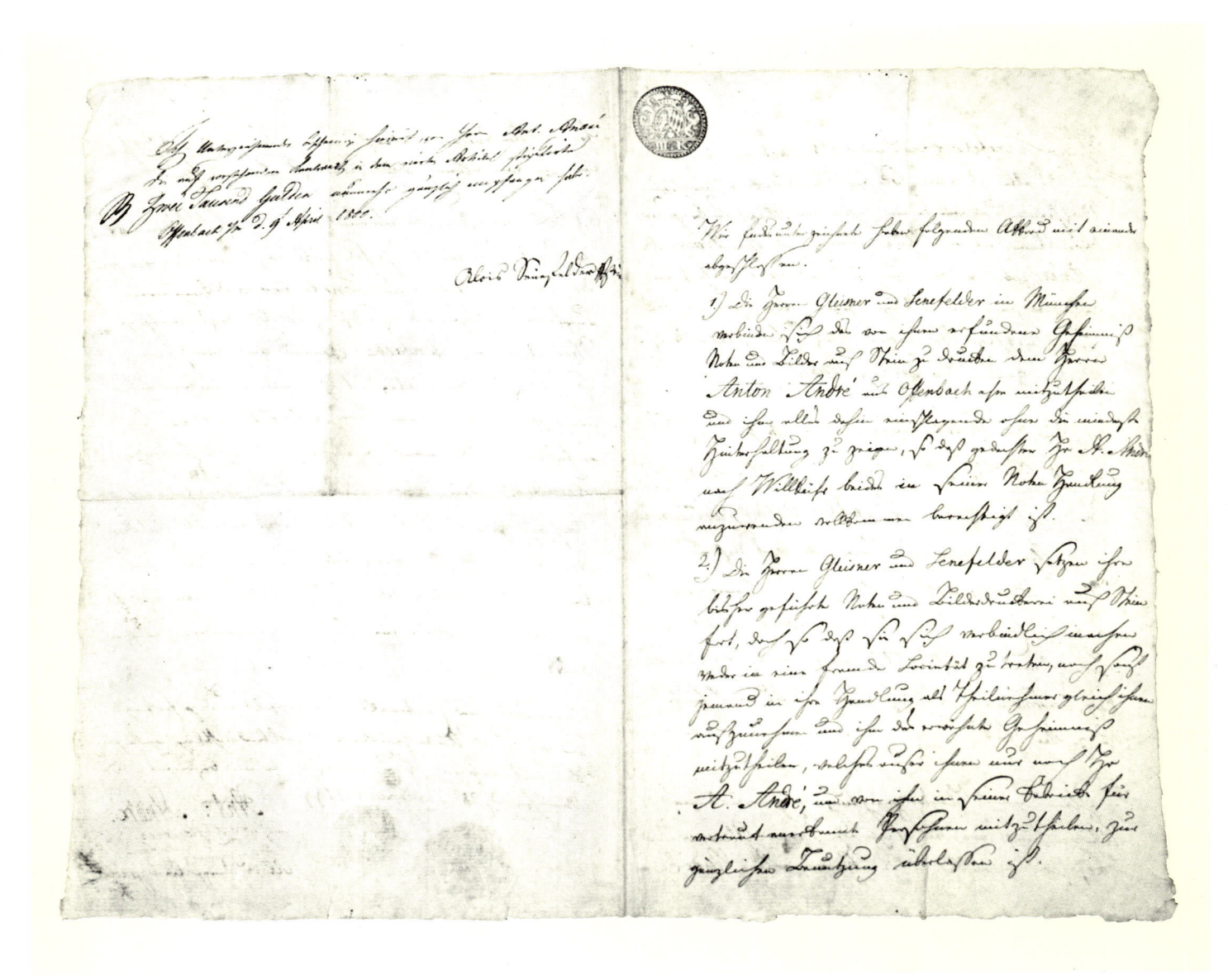

welches wirklich bei kolorierten Bildern manchmal wegen der größeren Höhe der Farbe notwendig ist«. Das Privileg schließt die Bedingung ein, nicht zu drucken, »was wider den Staat, wider die Religion oder die guten Sitten anstößig ist, und alles, was Unseren Dikasterien oder vorbesagter Zensurbehörde zum Druck anvertraut wird, vor allen Bestellungen und Arbeiten schleunigst und um den möglichst wohlfeilen Preis zum Druck zu befördern«.

Der magere äußere Erfolg des chemischen Druckverfahrens entsprach, wie Senefelder in einer Prozeßschrift Anfang 1809 schrieb, nicht seinen Erwartungen. »Mein und meines Freundes Gleißner Geld war schon durch die früheren Versuche rein aufgezehrt; ich fand keinen Unterstützer, der mich durch einen Vorschuß in den Stand gesetzt hätte, die nötigen Materialien anzuschaffen, das erforderliche Personal zu bezahlen. Ich mußte also, um nicht vor Hunger zu sterben, oder unter der Schuldenlast zu erliegen, nach dem alten Sprichwort Nemo propheta in patria wider meinen Willen mich entschließen, mein Vaterland (Bayern) auf solange zu verlassen, bis ich auswärts einen Unterstützer fände«.

Gelegenheit, München zu verlassen, bot der Besuch des aus Offenbach a. M. stammenden Musikverlegers Johann Anton André, der soeben erst den Musikverlag seines am 18. Juni 1799 verstorbenen Vaters übernommen und eine Reise nach Nürnberg, München, Wien, Prag und Dresden angetreten hatte, um mit den »ersten Tonkünstlern Deutschlands« bekannt zu werden. In Wien kaufte der 1789 in Mannheim ausgebildete, auch mit Lachner befreundete Komponist und Verleger André, der 1796/97 in Jena u. a. Theorie der Poesie studiert hatte, Konstanze Mozart, der Witwe von Wolfgang

Unterzeichneter Vertrag vom 28. September 1799 des Musikverlegers Johann Anton André, Aloys Senefelder und Hofmusikus Franz Gleißner

Amadeus Mozart, sämtliche, ihr hinterbliebenen Manuskripte ab (Vertrag am 8. November 1799). Um sich gegen die Konkurrenz anderer Musikverlage durchzusetzen, greift Johann Anton André – vier Jahre jünger als Senefelder – den lithographischen Notendruck Senefelders auf.

Am 28. September unterzeichnen André, Senefelder und Gleißner den Vertrag, wonach André »das Geheimnis, Noten und Bilder auf Stein zu drucken« für 2.000 Gulden erwirbt. 300 Gulden sind sofort, 700 Gulden nach drei Monaten, 1.000 Gulden nach einem Jahr zu zahlen. Senefelder verpflichtet sich, gegen Ende 1799 nach Offenbach zu reisen, um die Steindruckpressen durch Georg Daniel Heim bauen zu lassen und in Solnhofen geeignete Steine zu besorgen. Nach seiner Ankunft im Dezember wohnt er im Hause von André in der Herrenstraße 54, in dem Johann Wolfgang Goethe schon im Herbst 1775 »in einem Kreise von Menschen verkehrte, die mich sehr lieb haben, oft mit mir leiden«. Senefelder wird mit einem Reitpferd beschenkt und »wie ein Sohn gehalten«.

Vor der Übersiedlung nach Offenbach wehrte sich Senefelder vergeblich gegen das Verlangen seiner Mutter, mit den Brüdern Theobald und Georg den Verdienst aus der Druckerei zu teilen. Die Mutter ließ ihnen eine Presse bauen. Frau Gleißner verhinderte jedoch die Ausübung. Darauf wandten sich die beiden Brüder an den Musikalienhändler und Verleger Gombart & Cie in Augsburg. Nach 1799 erschien hier Theobald Senefelders lithographierte Ode auf Erzherzog Karl. Theobald und Georg kehrten nach München zurück, wo ihnen Aloys – nach kurzem Aufenthalt in München – Presse und Steine überließ, auch technische Unterweisungen im

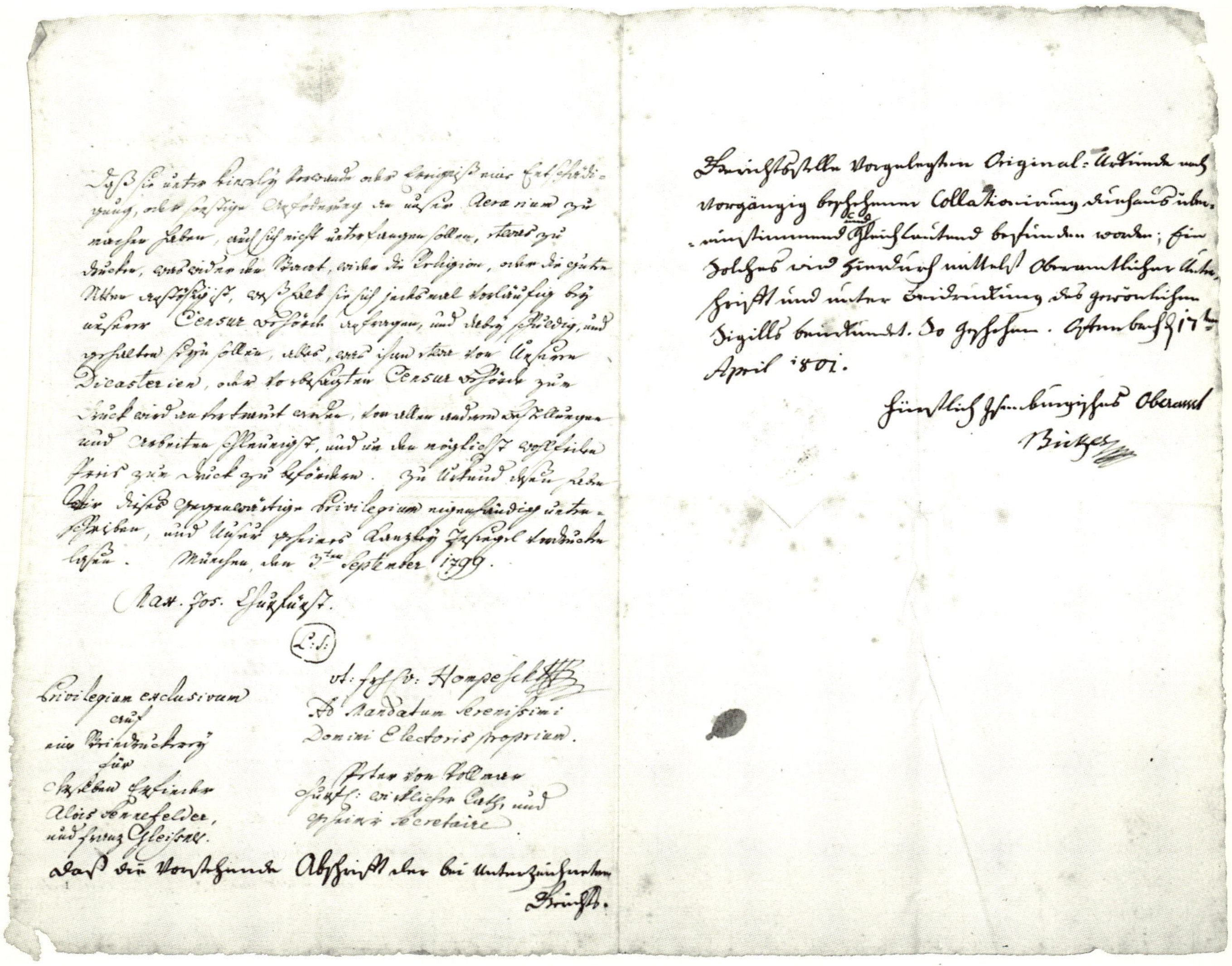

Erteiltes
„Privilegium
exclusivum"
für Aloys Senefelder
und Franz Gleißner
durch Kurfürst
Maximilian Joseph,
3. September 1799

Umdruck von Kupferplatten und in der Kreide-Manier. In der Zeit, die zwischen dem Vertragsabschluß im September und der Reise nach Offenbach im Dezember 1799 vergangen war, hatte Aloys den Umdruck von Kupferplatten im Auftrag von Schulrat Steiner perfektioniert und den Versuch unternommen, die Kupferplatte selbst wie den Stein zu präparieren. Er machte die Entdeckung und Erfahrung, »daß sich die chemische Druckerei ganz und gar nicht auf den Stein beschränke, sondern daß man auch Holz und Metall sowie Papier dazu gebrauchen könne«. Schon 1799 hatte er gehofft, eine Art »künstliche Steinplatte« herstellen zu können, was er jedoch erst nach 1818 praktizierte.

1800 Senefelder hatte auch Gleißner mitgebracht. Offenbach wird zum »Vereinigungspunkt der Societät«. Gleißner, der »Separatkompagnon«, ist als Compositeur und Korrektor tätig. Von den zehn Kupfer-Zinndruckpressen werden fünf durch Steindruckpressen ersetzt. Während ab 1796 in München der Notendruck nur sporadisch und mit Schwierigkeiten vorgenommen worden war, setzte nunmehr in Offenbach die Arbeit systematisch ein. In Zinn gestochene Noten erhielten lithographierte Titelblätter, während andererseits noch Kupferstichtitel beibehalten wurden. Es entstanden zahlreiche lithographische Erstdrucke von Werken Mozarts (zusammengestellt im Manuskript von Wolfgang Matthäus »Wolfgang Amadeus Mozart und das Verlagshaus Johann André«). Zu den ersten bebilderten Titeln gehört der »Musikalische Spaß für Violinen und Bratsche, Hörner und Baß« von Mozart (erschienen im April 1802). In einer Anzeige versichert André, er unterlasse nichts, seinen Ausgaben »alle mögliche typographische Schönheit zu verschaffen«. Für die späteren lithographischen Notendrucke – beispielsweise von Schott in Mainz und Breitkopf & Härtel in Leipzig – sind dadurch Maßstäbe gesetzt.

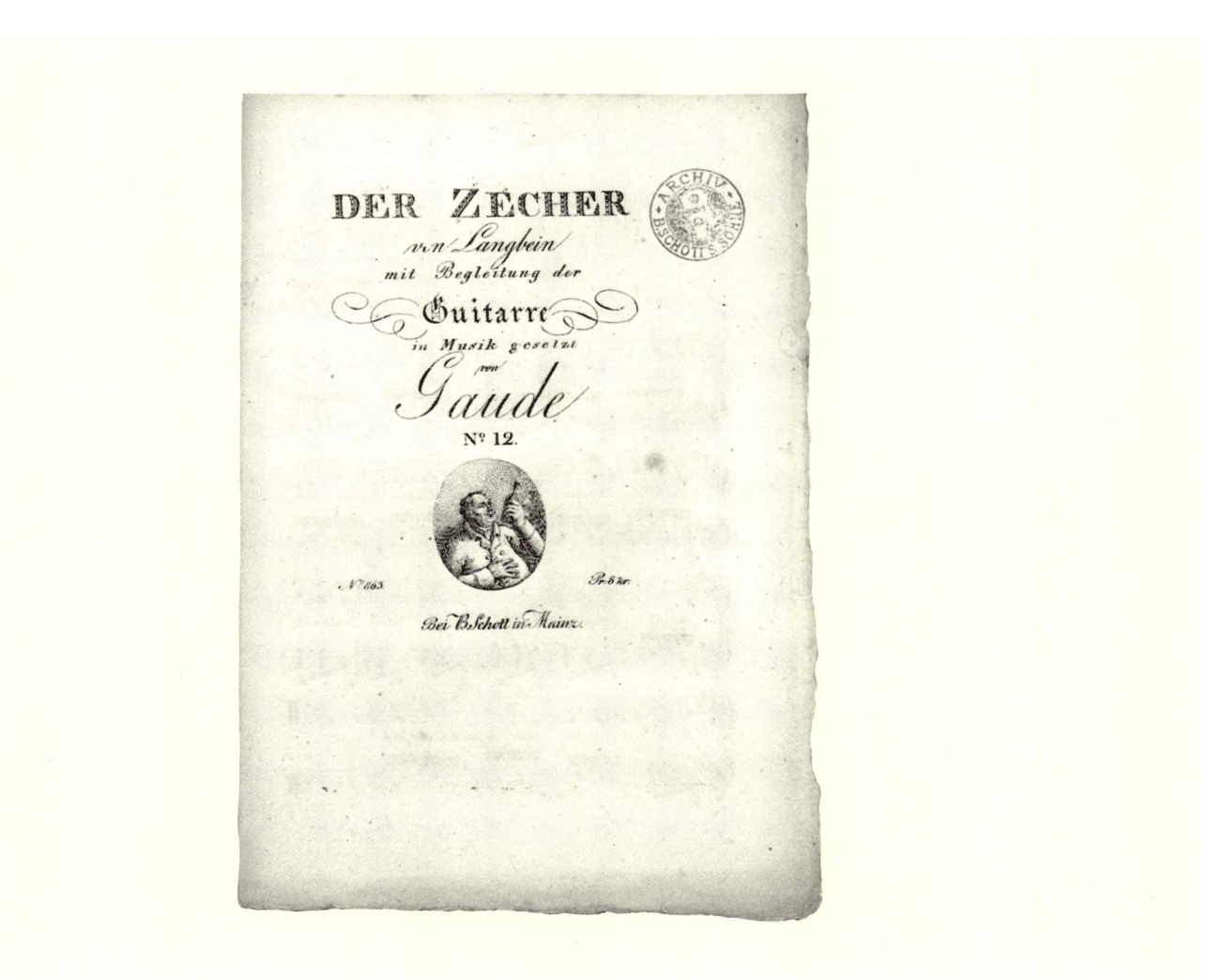

Lithographiertes
Titelblatt
für Musiknoten,
1815.
Schott, Mainz

Lithographiertes
Titelblatt,
1824.
Schott, Mainz

Johann Anton André, dessen Brüder Friedrich und Philipp in London und Paris weilen, entwirft den Plan, in Frankreich, England, Berlin und Wien Privilegien für den Steindruck zu erwerben. Für England war der lithographische Kattundruck interessant. Senefelder unternahm Versuche, farbige Kattunmuster mit einer lederüberzogenen Walze zu drucken. Johann Anton André fuhr nach London, um die Arbeit Senefelders auszuwerten (Paßausstellung 15. April 1800), mußte aber feststellen, daß in England bereits Walzendruckmaschinen für Kattundrucke vorhanden waren. Aloys Senefelder fährt gegen Ende des Jahres 1800 in Begleitung von Friedrich André über Hamburg-Cuxhaven nach London, wohnt hier bei Philipp André, der sein Geschäft in der Buckingham Street, Nr. 5, hat.

1801   Philipp André war äußerst vorsichtig und mißtrauisch, bis endlich am 19. Juni 1801 in Edinburgh das Patent für Schottland, am 20. Juni 1801 von König George III. das Patent für das Königreich England ausgestellt wurde. Aloys Senefelder war es möglich, die Zeit seines fast siebenmonatigen Aufenthaltes in London »auf das weitere Studium der Chemie zu verwenden, die beste Zusammensetzung der Steintinte auszumitteln, die ersten Versuche in der Aquatinta-Manier zu unternehmen und den Druck mit mehreren Platten besser einzuüben«. (Diesen Druck von mehreren Platten hatte er übrigens schon in München versucht).

Entscheidend für den Anfang der Künstlerlithographie von Rang wurde Senefelders Begegnung mit Conrad Gessner, Sohn des Schweizer Dichters Salomon Gessner und Freund von Philipp André. Unter Anleitung von Senefelder machte Conrad Gessner Zeichnungen in der Kreide-Manier, anschließend auch Federzeichnungen. Das gab den Auftakt zu einem einzigartigen Ereignis, in das auch Benjamin West, der Präsident der Royal Academy in London, eingriff, indem er ebenfalls zwei Lithographien schuf: »Engel der Auferstehung« und »Johannes der Täufer« (1801). Im gleichen Jahr schlossen sich William Delamotte, Thomas Hearne und John Claude Nates an. Nachdem Senefelder London verlassen hatte, erschien in London im April 1803 die erste Kollektion »Specimens of Polyautography Consisting of Impressions taken from Original Drawings«. Der Aufenthalt Senefelders in London, seine Begegnung mit Gessner, seine Verbindung mit Johann Anton und Philipp André, hatten dazu den Impuls gegeben.

Am 29. Mai 1801, noch vor der Ausstellung des Patents, hatte Senefelder in London das »Geheimnis des Steindrucks« an Johann Anton André abgetreten. Nach seiner Rückkehr nach Offenbach im August 1801 übertrug er an André die englischen Patentbriefe (Urkunde vom 10. August 1801) und entsagte für 3.000 Gulden »aller in den Patentbriefen erteilten Privilegien und Concessionen« zugunsten von André.

Während Aloys Senefelder noch in London weilte, hatte seine Mutter in Wien am 15. April 1801 ein Gesuch mit Notenblättern aus Offenbach an den Kaiser eingereicht. Sie bat um ein Patent für den Steindruck. Angeblich sollte das Patent für Aloys, Theobald und Georg erbeten werden, in Wirklichkeit wollte Theobald allein der Nutznießer sein. Er gab vor, der 24jährige Franz Anton Niedermayr aus Straubing, der 1801 den Steindruck in Regensburg eingeführt hatte, wolle in Wien eine Steindruckerei gründen. Niedermayr war jedoch (nach Auswertung der Faszikeln im Österreichischen Staatsarchiv durch Rudolf Michalik) erst Anfang Juni 1801 nach Wien gekommen und druckte – nach Bayern zurückgekehrt – für den Wiener Komponisten Franz Pechatschek »Zwölf Ländler« im Juli 1801. Am 22. Juli 1801 ließ der Kunsthändler Ignaz Sauer, der erst am 4. September 1800 die Erlaubnis zum Führen einer Kunsthandlung erhalten hatte, in der »Wiener Zeitung« den »Ersten Versuch von Steinplattendruckerei in den Kaiserlich-Königlichen Erbstaaten« (bezogen auf die Ländler-Tänze von Pechatschek) ankündigen und rief damit nicht nur den Widerspruch Katharina Senefelders, die ihr Gesuch am 4. August erneuerte, sondern vor allem der übrigen Wiener Kunsthändler hervor, die allenfalls in eigener Regie – ohne Patent an einen Fremden – eine Steindruckerei errichten wollten. Ergebnislos hatte schon der Vater von Carl Maria von Weber in einem Brief vom 9. Dezember 1800 dem Verlag Artaria die Einführung des Steindrucks in Wien angeboten, nachdem die Musikerfamilie Weber – durch Gleißner auf die »Verwendbarkeit der neuentdeckten Kunst des Steindrucks« auf-

Benjamin West, Engel der Auferstehung, Lithographie aus »Specimens of Polyautography«, London 1803

C. Heath, Mythologische Szene, Lithographie, 1803

merksam gemacht – 1798 ihrerseits einige Variationen von Carl Maria von Weber im Selbstverlag im Steindruck (ausgeführt von einem der Brüder Senefelder) herausgegeben hatte.

Um sich das Patent unter keinen Umständen in Wien entgehen zu lassen, schickte André aus Offenbach Frau Gleißner nach Wien. Am 10. Juni 1801 ersucht sie den Kaiser um ein Privileg, allerdings nicht für André, sondern für Aloys Senefelder und Franz Gleißner. André droht daraufhin, die Finanzierung des Wiener Aufenthalts einzustellen. Aloys Senefelder, inzwischen von London zurückgekehrt, schaltet sich nun selbst ein. Er verzichtete auf den bereits mit André abgeschlossenen Vertrag, der ihm ein Fünftel des gemeinschaftlichen Gewinnes aller André'schen Unternehmungen zusichern sollte und brach vorübergehend mit André, indem er, gegen dessen Rat, sich selbst um die Ausstellung des Privilegs kümmerte und nach Wien fuhr. Senefelder schreibt: »Dieses war einer der wichtigsten Momente in der Geschichte meines Lebens und dem bisherigen Gange der Lithographie. Er stürzte mich in eine Reihe von widrigen Verhältnissen und gab meinem Wirken eine ganz andere Richtung«.

Ab August 1801 hielt sich Aloys Senefelder in Wien auf. Am 2. Oktober 1801 lag sein am 17. September verfaßtes Gesuch in Wien vor. Unterstützt wurden Aloys Senefelder und Frau Gleißner, die ihren Mann nachkommen ließ, von dem Hofagenten und Großindustriellen Josef Hartl von Luchsenstein, der darum bemüht war, die englische Maschinenspinnerei in Österreich einzuführen, und in der Cattundruckerei eine Chance für Senefelders Steindruck sah. Im Vertrauen auf Hartls Plan, der Senefelder 6.000 Gulden bringen sollte, war der Erfinder davon überzeugt, »daß ich auch ohne André mit meiner Kunst nicht verloren wäre«. Später schrieb er voller Einsicht: »Ich wurde hinlänglich überzeugt, daß es Herr André immer redlich mit mir gemeint hat, und kann mich auch jetzt noch glücklich schätzen, ihn unter meine teuersten Freunde zu zählen«.

Theobald und Georg Senefelder fuhren nach München zurück, nachdem klar war, daß das Privileg nur für Aloys Senefelder ausgestellt werden konnte. Sie schlossen mit ihrem Bruder einen Kontrakt ab, nachdem sie in München eine Steindruckerei errichten durften, »möglichst auch eine Kunsthandlung«. Aloys schloß seinerseits mit Hartl einen Societäts-Kontrakt. Er

Abstufungsskala für lithographische Andrucke

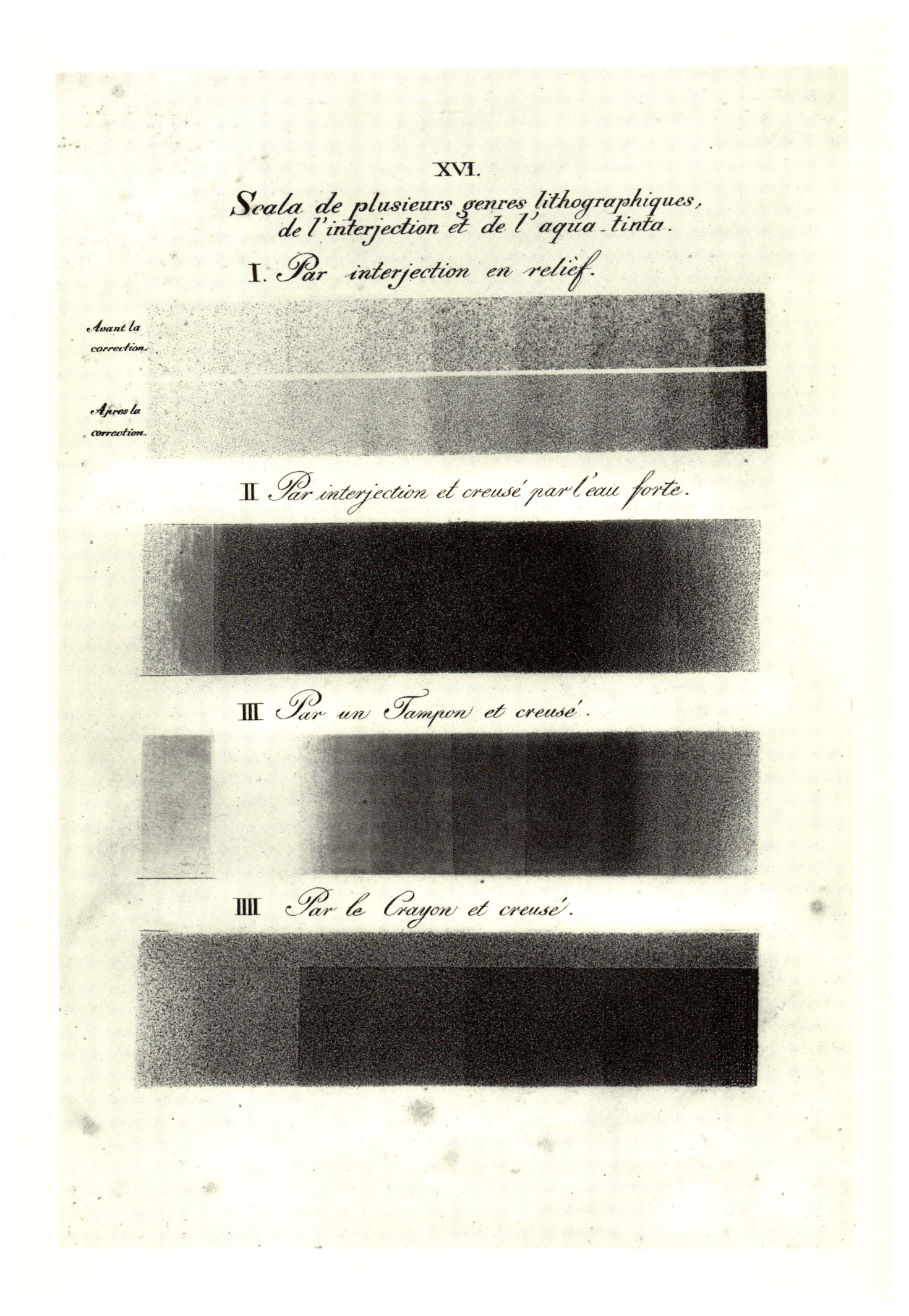

XVI.
Scala de plusieurs genres lithographiques, de l'interjection et de l'aqua-tinta.

I. *Par interjection en relief.*

Avant la correction.

Apres la correction.

II. *Par interjection et creusé par l'eau forte.*

III. *Par un Tampon et creusé.*

IIII. *Par le Crayon et creusé.*

Abstufungen
am Beispiel
einer Kugel

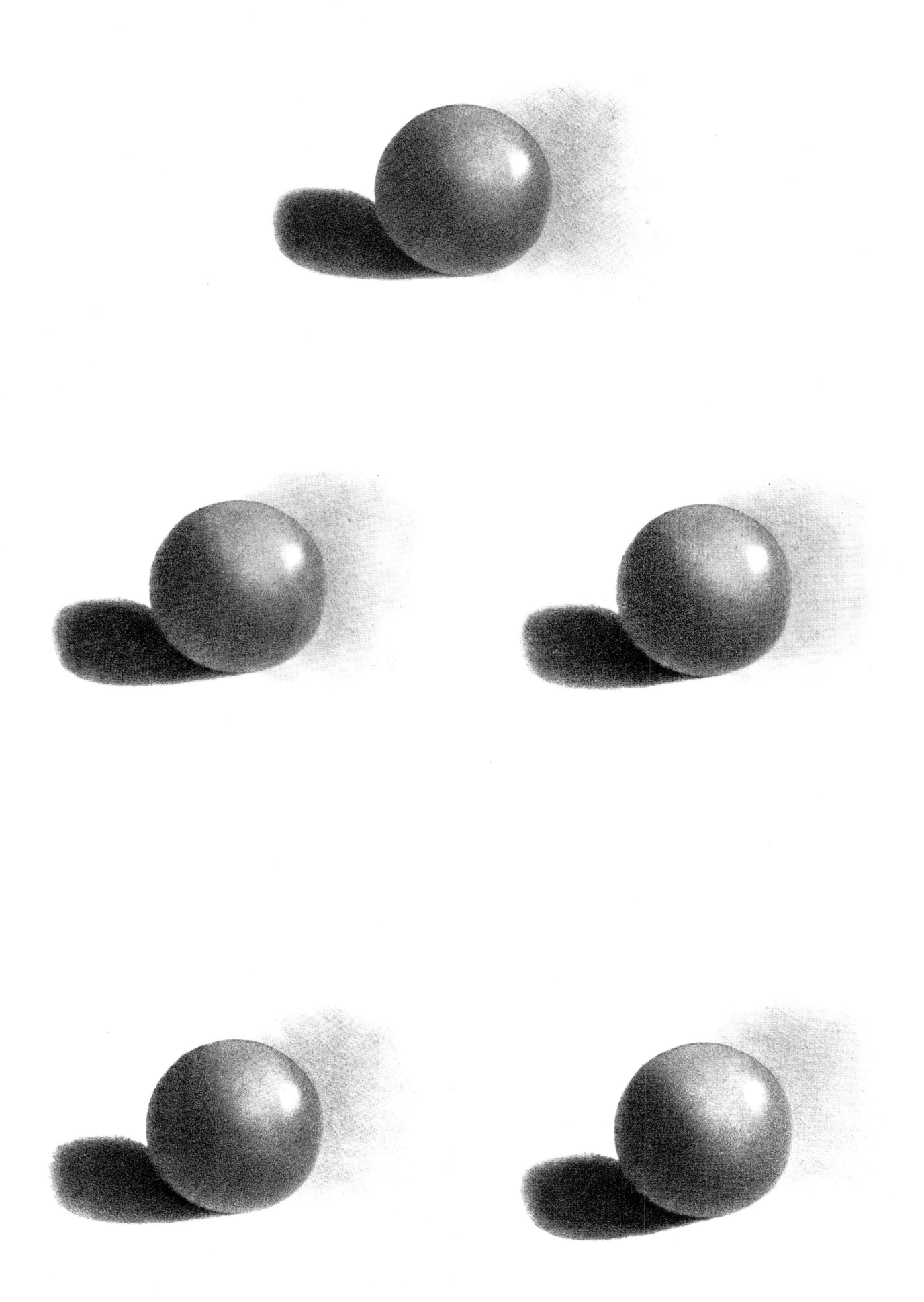

ließ eine Stangenpresse bauen und von Chemie-Professor Jaquin und dem Direktor der Kupferstecher-Schule Schmutzer seine Kunst des Steindruckes begutachten.

Nachdem Hartl Besuche Senefelders bei Staatsrat Gruber, Graf Lazansky und bei Kaiser Franz II. vermittelt hatte, erhielt Senefelder eine Gewerbebefugnis, aber noch nicht das Patent. Inzwischen wuchs der Widerstand der Wiener Kunsthändler, die »eine so große Vermehrung der Kunsthandlungen« nicht hinnehmen wollten. Sie waren lediglich bereit, Senefelder zuzusichern, ihn mit Druckaufträgen zu versorgen, falls Senefelder auf eine eigene Kunsthandlung verzichten würde. In dieser Richtung plädierte vor allem das Kunst- und Industrie-Comptoir. Hartl wies diesen Vorschlag zurück, auch den Plan Senefelders, die Kunsthandlung Eder zu kaufen.

Senefelder wollte mit dem Druck von Noten »eines guten Werkes eines berühmten Meisters« beginnen. Er besuchte auch den siebzigjährigen Joseph Haydn, der ihm erklärte, er würde »jetzt nichts mehr komponieren« und nur noch »Revisionen älterer Werke vornehmen«. Hartl versuchte, Musikstücke von Beethoven und anderen Musikern zu kaufen. Letzten Endes blieben jedoch nur Kompositionen von Gleißner, deren Drucke jedoch wenig Käufer fanden. Die Bemühungen um den Cattundruck standen immer noch im Vordergrund. Im Auftrag von Thornton richtete Senefelder in Pottendorf eine Cattun-Presse ein. Seine Konstruktion von Spezialwalzen (»die geätzte war so gut wie die gestochene«) ermöglichten »doppelt so kräftige und weit schönere Abdrücke«.

Am 18. März erhielt Senefelder endlich das Privileg in Wien. Während er persönlich in technische und kommerzielle Probleme verwickelt und praktisch ohne jeden greifbaren Erfolg blieb, hatte zu dieser Zeit seine Erfindung des chemischen Steindrucks in München, London, Offenbach und Paris schon beachtenswerte Auswirkungen im künstlerischen Bereich gehabt. Immerhin war es Aloys Senefelder selbst gewesen, der durch seine beiden kleinen Bildlithographien »Brennendes Haus« von 1797 und »Landschaftsskizze« von 1799 die lithographierte Originalzeichnung initiiert hatte.

Nicht vergessen werden darf bei aller Bewunderung der ab 1801 in London einsetzenden Künstlerlithographie, daß bereits im Jahre 1800 Graf Clemens von Törring in München die Zeichnungen »Ansicht vom Seefelder See« und »Ansicht des Wörther Sees« in Kreide-Manier in der Senefelderschen Anstalt lithographiert hatte. Ebenfalls war das Blatt »Der Chiemsee« von Conjola entstanden. Der nächste Anstoß ging von Philipp André unter unmittelbarer Beteiligung Senefelders 1801 in London aus. Immer noch nicht genügend herausgestellt ist die Tatsache, daß sich auch schon Friedrich André, der andere Bruder von Johann Anton André aus Offenbach, große Mühe gab, Künstler für die Auswertung der Lithographie zu gewinnen. Ein halbes Jahr nach der Abreise Senefelders von Offenbach nach Wien hatte Friedrich André in Paris ein Patent für die »nouvelle méthode de graver et imprimer« beantragt, das ihm am 11. Februar 1802 bewilligt wurde. Zunächst befand sich die Steindruckerei in Paris, 29 Rue de Berry, im Sommer 1802 in Charenton. Mit zwei Künstlern war Friedrich André in Paris in Verbindung gekommen: Mit Conrad Johann Theodor Susemihl aus Kurhessen, der am 9. Juni 1802 das »Porträt eines Mannes« lithographierte, und mit Pierre Nolasque Bergeret, der 1803 in der Pariser »Imprimerie lithographique« von André einige Lithographien schuf, darunter »Der Brand von Troja«.

Hinzu kommt ein Vorgang, der bis jetzt bei der Darstellung der Frühgeschichte der Lithographie nicht deutlich genug herausgestellt wurde. Ende 1803 hatte der Londoner Kunsthändler Bell, dem die erste Folge der »Specimens of Polyautography« aus der Steindruckerei von Philipp André sicher nicht unbekannt geblieben war, in Verbindung mit Friedrich André in Paris den Versuch unternommen, die Antiken und Gemälde des Musée Napoléon im Louvre lithographisch nachbilden zu lassen. Eingeschaltet in dieses Projekt war Dominique Vivant Denon, der Direktor des Musée Napoléon, von dem wir noch hören werden, daß er mit seinem Kollegen in München, mit dem dortigen Galeriedirektor Johann Christian von Mannlich, in Verbindung

Carle Vernet. Vor der Steindruckerei von Delpech. Lithographie. 1818

trat. Denon hatte 1803 die Herausgabe des ersten gedruckten Kataloges des neuen Musée in Paris veranlaßt, der unter dem Titel »Galeries des Antiques« von Auguste Renourd verlegt und bei Gillé fils gedruckt worden war. Beim damaligen Stand der lithographischen Technik fällt es sehr schwer, zu entscheiden, ob dieses – heute äußerst selten gewordene Buch – nicht auch diese und jene Lithographie im Ensemble der rund 180 Abbildungen enthält, die antike Statuen, Büsten und Reliefs darstellen. Einiges spricht dafür, einiges dagegen. Im Vorwort des Buches heißt es, besonders die allgemeine Begeisterung über die »Frucht der Eroberung in Italien« habe den Katalog verursacht. Man hoffe, daß er Künstlern, ja allen Mitbürgern, vor allem den Besuchern aus dem Ausland »eine nützliche und angenehme Stütze« sein werde. Das Titelbild zeigt das Bildnis Napoleons.

In Fortführung dieser bebilderten Museumspublikation war Denon daran gelegen, mittels der Lithographie Kunstwerke aus dem Louvre bekannt zu machen. Nun lithographierte tatsächlich der von André beschäftigte Bergeret für André und Bell die Gemälde »Le Christ à la paille« von Rubens (vorher in Amsterdam), die Zeichnung von Rubens nach Leonardos Karton »Schlacht von Anghiari« und eine »Landschaft in der Manier des Poussin«. Der Kontakt Bergerets mit Friedrich André in Paris und dem Londoner Kunsthändler Bell dürfte dazu geführt haben, daß 1803/04 die berühmte Federlithographie »Totenklage« in Philipp Andrés Londoner »Polyautography Office« in 5 Buckingham Street gedruckt wurde. Mit anderen Worten: Die beiden Andrés aus Offenbach hatten einen Austausch zwischen London und Paris verursacht, wenn auch die lithographische Künstlerproduktion in Paris zum damaligen Zeitpunkt hinter den Londoner Ergebnissen zurückblieb.

Etwa zur gleichen Zeit hatte ein Mitarbeiter von Johann Anton André in Offenbach, François Johannot, ein eigenes Etablissement in Offenbach gegründet, das er in der Hauptsache dem Druck von Künstlerlithographien widmete. Von besonderer Bedeutung war der Kontakt Johannots mit dem Berliner Maler und Zeichner Wilhelm Reuter. Johann Anton André war 1803 in Berlin gewesen und hatte aus verständlichem Stolz einige Blätter der Londoner »Specimens of Polyautography« mit nach Berlin genommen. Darüber berichtet der Akademieprofessor und Vizedirektor Johann Christoph Frisch am 12. Dezember 1804 an den Senat der Berliner Akademie: »André hatte einige Versuche bei sich, die von Gessner und anderen mit hierzu chemisch zubereiteten Pastellen in Crayonmanier auf den Stein behandelt waren«. In jedem Falle war man in Berlin auf André in Offenbach aufmerksam geworden, der zwar selbst nur Noten lithographieren ließ. Aber man wußte von der Unternehmung seines Bruders in London, auch, daß Johannot in Offenbach den künstlerischen Steindruck förderte. Über Philipp Andrés Londoner Leistung hatte schon 1803 Johann Christian Hüffner in den »Englischen Miscellen« (Bd. 13, Heft 1, im Oktober 1803) in der Cotta'schen Buchhandlung in Tübingen berichtet und die »original drawings on stone« als eine »Neuigkeit, die man mit außerordentlicher Aufmerksamkeit betrachtet«, bezeichnet. François Johannot wurde am 7. Juli 1804 im »Leipziger Neuen allgemeinen Intelligenzblatt für Literatur und Kunst« von Gotthelf Fischer, russischer Hofrat und Museumsdirektor in Moskau, bescheinigt: »Was aber die Kunstsachen betrifft, so sind sie Johannots Werk; diese verdienen einer besonderen Erwähnung; außer mehreren Stücken, welche ich bei diesem überaus gefälligen Mann zu sehen Gelegenheit hatte, besitze ich folgende überaus wohl geratene Kunstwerke: Einige von Herrn Reuter und Herrn Prof. und Bibliothekar Nicolaus Vogt schraffierte Blätter.«

Wilhelm Reuter kam 1803 von Berlin nach Offenbach und fuhr über Darmstadt nach Paris. Nachdem er bei Johannot einige lithographische Versuche gemacht hatte, lithographierte er bei Friedrich André in Paris das Blatt »Raub der Proserpina«, das mit »W. Reuter fec. Paris 1803« bezeichnet ist. In Paris lernte Reuter auch das Projekt der von Bell, André und Denon betriebenen lithographischen Nachzeichnungen von Gemälden und Antiken aus dem Musée Napoléon kennen. Reuter selbst ist mit einem Bericht von 13. Dezember 1804 Kronzeuge dieses Vorganges, der durch den Krieg mit England unterbunden und erst mit der Herausgabe der berühmten »Oeuvres lithographiques« in München einige Jahre später auf andere Weise fortgesetzt wurde.

Der Besuch Reuters in den Steindruckereien von Johannot in Offenbach und André in Paris hatte nicht nur zur Folge, daß sich Reuter selbst intensiv mit dem chemischen Druck beschäftigte (nachdem er sich vorher schon – ähnlich wie Simon Schmid – im mechanischen Druck vom Stein versucht hatte). Er setzte alles daran, daß die »Polyautographie«, wie er die Erfindung Senefelders in Übereinstimmung mit Philipp André und den ersten Lithographen in England nannte, in Berlin und in Preußen aufgenommen werden könnte. Um in eigener Werkstätte die Arbeit durchzuführen, stürzte er sich in Schulden. Er setzte sich mit einigen Berliner Künstlern in Verbindung, übergab ihnen das Material zum Lithographieren und instruierte sie genau. Ähnlich wie in der Münchner Feiertagsschule, von der noch die Rede sein wird, wurde der patriotische Gedanke des Unternehmens betont. Reuter versicherte, es gelte, die Polyautographie »im Vaterland zu verbreiten und in der Kultur den Nachbarn, den Engländern und Franzosen nicht nachzustehen«. Darüber hinaus hatte Reuter den Mut zur Prophezeiung, Senefelders Erfindung werde eine »Epoche in den bildenden Künsten« hervorrufen. Im September 1804 schrieb er: »Was die Erfindung der Buchdruckerkunst in den Wissenschaften bewirkte, das wird die Polyautographie in den bildenden Künsten auch bewirken«. Niemand hat zu jener Zeit so klar und überzeugend formuliert, was die Künstlerlithographie vermag. Reuter schrieb außerordentlich treffend, es sei notwendig, »den Geist, der in einer guten Zeichnung herrscht, darzustellen«. Er fügt hinzu: »Wenn man erwägt, daß durch die Polyautographie sich jeder Künstler und Liebhaber der Künste mit geringen Kosten leicht Originalzeichnungen verschaffen kann, und diese nicht mehr als Seltenheiten nur in wenigen Galerien aufbewahrt werden, die oft unzugänglich sind, so fällt es zu sehr in die Augen, einen wie viel größeren Einfluß diese neue Kunst auf die Vervollkommnung der bildenden Künste haben wird«. Das ist ein moderner Gedanke, der Möglichkeiten aufzeigt, die Senefelder seiner Erfindung zum damaligen Zeitpunkt noch kaum zutraute.

1804 gab Reuter die »Polyautographischen Zeichnungen vorzüglicher Berliner Künstler« heraus, von denen 23 Blätter bekannt geworden

Bildnis Hermann Mitterer. Lithographie

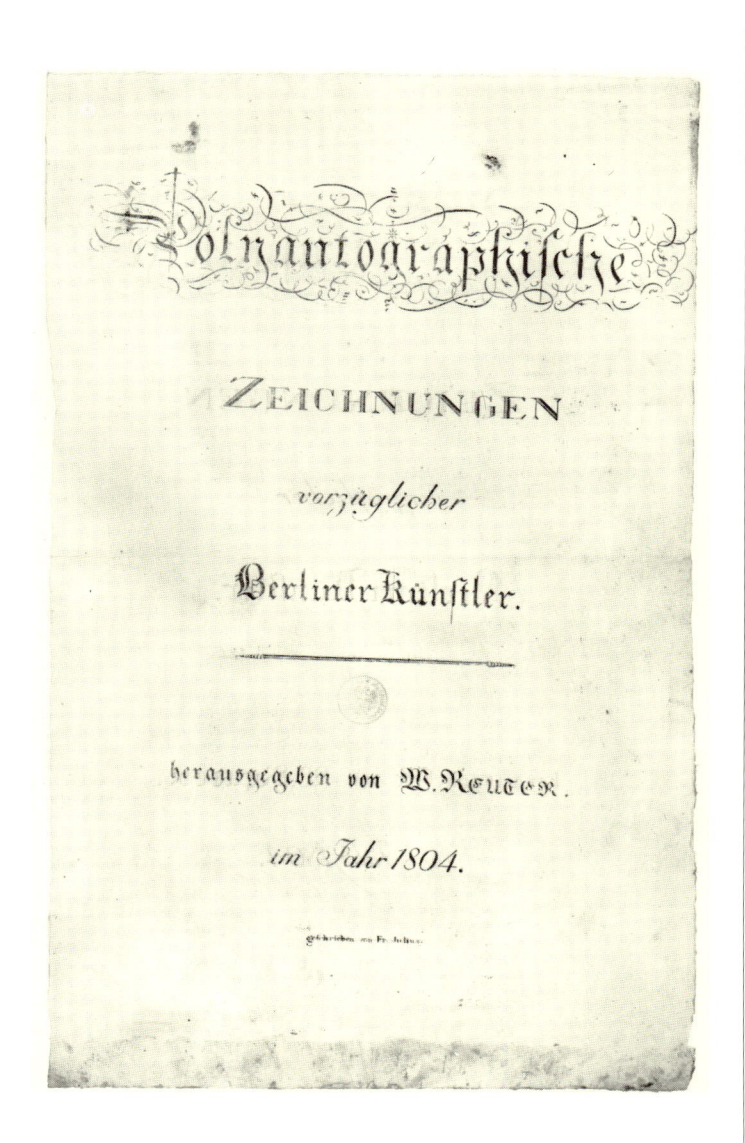

sind. Unter den Künstlern befinden sich der geniale Bildhauer und Zeichner Johann Gottfried Schadow, Janus Genelli, Carl Friedrich Hampe, Carl Franz J. H. Schumann, Johann Gottfried Niedlich, Ludwig Wolf, Johann Erdman Hummel, Friedrich Georg Weitsch, Johann Christoph Frisch, Friedrich Bolt und Reuter selbst. Mit der Vorlage dieser Lithographien hoffte Reuter Unterstützung durch König Friedrich Wilhelm III. zu finden, mußte sich aber eine harte Verhandlung durch den Senat der Akademie gefallen lassen. Ein Ruhmesblatt in der Geschichte der Lithographie und ein bemerkenswerter Erfolg für Reuter ist das Gutachten vom 20. November 1804 von Johann Gottfried von Schadow. Es erläutert in lapidaren Sätzen das Wesen der Künstlerlithographie: »Aus den Versuchen Reuters geht hervor, daß diese Art Zeichnungen mit der nämlichen Promptitude wie auf Papier können geleistet werden, und daß dieselben Abstufungen vom kräftigsten Schatten bis zur sanftesten Mezzo-Tinte darin hervorgebracht werden... Bei dieser neuentdeckten Manier, die nicht mehr Zeit erfordert als eine Zeichnung auf Papier, würden Zeit und Kosten erspart, und was das Wesentlichste ist: So verbliebe in den Abdrücken der erste, ursprüngliche Geist des Zeichners, und die Übertragung oder Übersetzung durch einen anderen fiele weg«. Schadow hat sich auch später mit der Lithographie intensiv beschäftigt. Wir kennen rund 50 lithographische Blätter von seiner Hand, darunter auch Drucke von Zinkplatten.

In Paris hatte Friedrich André am 13. Oktober 1803 seine „Imprimerie lithographique" verkauft, nachdem er noch den Versuch des Straubinger Steindruckers Niedermayr abgewehrt hatte, für Ignaz Pleyel, der schon bei André in Offenbach Noten drucken ließ, eine Steindruckerei mit Musikverlag zu gründen. André lernte in Paris den Graf Charles de Lasteyrie kennen, der später eine bedeutende Rolle in der Weiterentwicklung der französischen Künstlerlithographie spielte.

Wie sahen zu jener Zeit die Dinge in München aus? Während der Abwesenheit von Aloys Senefelder, Theobald und Georg in Wien war es Professor Mitterer, der dafür sorgte, daß der Steindruck in München überhaupt noch ausgeübt wurde. Niedermayr soll ihm für drei Louis d'ors das »Geheimnis des Steindrucks« verkauft haben. Über Schulrat Michael Steiner hatte Mitterer jedoch schon Anteil an den Erfindungen Senefelders genommen, der ihm im übrigen noch 1818 gerade dafür dankte, daß Mitterer in seinem rastlosen Eifer die Lithographie kurz nach ihrer Entstehung für nützliche Unterrichtswerke eingesetzt habe. Senefelder ehrt Mitterer auch als den Erfinder der Roll- und Sternpresse, die späterhin »fast alles leistete, was man von einer vollkommenen Presse in Ansehung der Kraft, Geschwindigkeit und Bequemlichkeit verlangen kann«.

Durch seinen Schüler Angelo Quaglio ließ Mitterer 1801 einige lithographische Zeichnungen ausführen. 1803 legte er 72 kleine Oktavblätter »Zeichnungselemente« vor. Im November 1804 wurde Mitterer Direktor der neuen Kurfürstlichen Steindruckerei, die bei der Münchner Feiertagsschule eingerichtet wurde. Das Privileg von 1799 schien Mitterer insofern nicht verletzt zu haben, weil die aus Wien zurückgekehrten Brüder Theobald und Georg in der Steindruckerei der Feiertagsschule beschäftigt waren. Er brachte mehrere Hefte zum Erlernen von Figuren, Ornamenten, Blumen, geometrischer Figuren, von Bauzeichnungen heraus, im übrigen auch Nachzeichnungen nach antiken Skulpturen. Viel wichtiger als diese lehrmäßige Unterweisung war jedoch das Heranbilden einer Reihe von Künstlern, die in den Jahren nach 1804 sehr tüchtige Künstlerlithographen wurden, darunter Max Joseph Wagenbauer, Simon Klotz, Johann Jacob Dorner, Simon Warnberger, Dominicus Quaglio, Johann Michael Mettenleiter. Danach wurde die oft vorgetragene Behauptung, die deutsche Künstlerlithographie habe um diese Zeit nichts aufzuweisen, ad absurdum geführt. Auch in Offenbach und in Berlin waren Künstlerlithographien von Rang entstanden.

In Münchens Steindruckerei in der Feiertagsschule bildete sich eine Werkstätte heran, die 1805 auch das Interesse einiger Begleiter des in München weilenden Kaisers Napoleon erregte. Louis Bonaparte zeichnete hier das Blatt »Vier Mann der Kaisergarde im Gespräch«. Auch Oberst Lomet kam in die Druckerei. Nach der Schlacht von Austerlitz im Jahre 1806 zeichnete General Lejeune, der Adjutant von Marschall Berthier, einen »Kosaken« auf Stein und zeigte einen der 100 Abzüge Kaiser Napoleon, der sofort empfahl, die Technik der Lithographie zu studieren und auszuwerten. Am 30. November 1806 fand sich erstmals der Kunstoffizier Napoleons, Dominique Vivant Denon in der lithographischen Anstalt der Feiertagsschule ein.

Aloys Senefelder war während seines Aufenthaltes in Wien über diese Erfolge seiner chemischen Druckerei nur wenig unterrichtet. Er quälte sich mit allerlei Sorgen. Der Drucker Mathias Grünewald und der Notenschreiber J. Held hatten ihn verlassen und richteten für den Musikverlag Breitkopf & Härtel in Leipzig eine Steindruckerei ein. Über eine Unterweisung des »artig mit Feder und Pinsel zeichnenden« Karl Müller war Senefelder nicht hinausgekommen. Der lithographische Cattun-Druck machte keine Fortschritte. Auch ein Angebot der Firma Faber in St. Pölten half nichts. Senefelder verkaufte sein Privileg an Hartls Sekretär Anton Steiner, der die Anstalt Steiner & Krascniczky gründete.

1806 Im Oktober verließ Aloys Senefelder Wien. Abt Vogler vom Kloster Alt bei Wasserburg hatte ihm, dem Hof- und Centralbibliotheksdirektor Freiherr Christoph von Aretin aus München und der Familie Gleißner die Gründung einer Societät vorgeschlagen. Der Plan realisierte sich, nachdem die Partner am 13. Dezember 1806 gegen die Druckerei in der Feiertagsschule protestiert und am 21. Januar 1807 einen Vertrag über die Gründung einer eigenen Druckerei geschlossen hatten. Vogler schied jedoch aus.

1807 Senefelder berief sich mit Recht auf sein Privilegium exclusivum, und wandte sich am 2. Februar 1807 an das Oberste Hofgericht. Theobald und Georg Senefelder, die das Privileg gegen ihre Anstellung an der Feiertagsschule verkauft hatten, suchten sich zu rechtfertigen: ihr Bruder habe ihnen das Privileg überlassen. König Maximilian Joseph verlangte ein Gutachten. Der Prozeß zog sich längere Zeit hinaus. Die Druckerei Senefelders und Aretins arbeitete nun neben derjenigen der Feiertagsschule. Beide suchten, sich durch Leistungen zu überflügeln. Nachdem die Künstlerlithographie einen so bemerkenswerten Anfang genommen hatte und sich als neue graphische Technik anbot, wehrte sich Senefelder gegen die Unterstellung: »Ich hätte wohl das Rohe dieser Kunst erfunden, hätte es aber nicht weiter als bis zu Noten drucken verstanden; dieser und jener, die wären eigentlich die wahren Kunstmänner; die hätten sogar Bilder geliefert«. Die Kenntnis der Künstlerlithographien aus London, Berlin,

Maximilian Joseph Wagenbauer, Stier, Kuh und Kalb, Lithographie, 1806

München war nicht ohne Eindruck auf ihn geblieben. Eine Genugtuung für ihn war, daß nunmehr Kaiser Alexander von Rußland, Kaiser Franz von Österreich und König Maximilian Joseph von Bayern seine Druckerei besuchten. Auch die Kaiserin von Österreich und Staatsminister von Montgelas waren in seiner Steindruckerei.

Als wertvoll erwies sich die Verpflichtung des fünfundzwanzigjährigen Johann Nepomuk Strixner, der die Randzeichnungen Albrecht Dürers zum Gebetbuch Kaiser Maximilians lithographierte. »Sie gehören zu den ersten großen Leistungen, die aus der von Aretin und Senefelder gegründeten lithographischen Kunstdruckerei hervorgingen« (Peter Halm). Aretin hatte schon 1805 in den »Beiträgen zur Geschichte und Literatur« auf die Ähnlichkeit der Randzeichnungen und der Ausgabe des »Theuerdank« hingewiesen. Aretin war es sicher auch, der Senefelder auf die Randzeichnungen hinwies und die Vorrede zu den lithographierten Blättern verfaßte. Dürers Randzeichnungen werden darin als »Prinzip echter Kunstmäßigkeit« der augenblicklichen Modeliebhaberei »eines nur dem Unergründlichen fröhnenden Zeitalter, dem oberflächlichen Talent und der äußeren Politur« entgegengestellt.

1808 Herausgabe der Folge »Albrecht Dürers christlich-mythologische Handzeichnungen«. Ebenfalls Abschluß des »Musterbuches der lithographischen Druckerei« von Aloys Senefelder, Franz Gleißner & comp.« mit Bildbeispielen von 24 lithographischen Kunstmanieren, darunter erstes Beispiel des Tondrucks von zwei Platten (später bis fünf); erschienen 1809.

Am 17. Mai 1808 besuchte Kronprinz Ludwig Senefelder und schrieb auf einen Stein: »Die Erfindung der chemischen Druckerei bringt dem Jahrhundert Ehre, in dem sie entstand«.

Das höchste Lob für Strixners Lithographien nach den Randzeichnungen Dürers kam aus Weimar. Friedrich Heinrich Jacobi, mit Mannlich befreundeter Präsident der Münchner Akademie, hatte Goethe die Lithographien geschenkt. Goethe antwortete: »Man hätte mir soviel Dukaten schenken können, als nötig sind, die Steinplatten zuzudecken, und das Geld hätte mir nicht soviel Vergnügen gemacht als diese Werke«. In der »Jenaer Allgemeinen Literatur-Zeitung« vom 19. März und vom 18. April 1809 wurden die lithographischen Werke aus München mit größter Zustimmung besprochen.

Goethe tritt mit Schlichtegroll und Mannlich in einen Briefwechsel über die Lithographie ein. Später schreibt er ausführlich in den Abhandlungen »Über Kunst und Altertum« (Cotta-Ausgabe 1821, 3. Band, Heft 2) über die Lithographie, kommt noch einmal auf Strixners lithographierte Randzeichnungen Dürers zurück, lobt München wegen der vorzüglichen Drucke, ohne die Blätter aus England, Paris, Antwerpen und Hamburg zu übersehen.

1809   Auch Reuter in Berlin nahm Strixners Arbeiten mit größter Aufmerksamkeit auf, der immer noch wenig Anerkennung dafür fand, daß er den Wert der Lithographie längst schon unter Beweis gestellt hätte. Leistung ist das eine, Anerkennung das andere. In München waren zwar hervorragende lithographische Blätter entstanden, aber der Erfinder mußte zusehen, wie trotz seines Privilegs nach und nach mehrere Druckereien seine Erfindung für sich auswerteten.

Am 21. April reichte Senefelder Klage beim Bayerischen Staatsgericht ein, nachdem die Staatliche Steuerkataster-Kommission eine eigene Steindruckerei eingerichtet hatte. Inzwischen setzt man den Steindruck auch für Landkarten und Stadtpläne ein, was übrigens auch Reuter forcierte. Zum Schrift- und Notendruck kam die lithographische Herstellung von Formularen. Die Bürokratie hatte entdeckt, wie ihre gedruckten Papiermassen mit Hilfe des Steindrucks billig vermehrt werden könnten. Am 21. Oktober endete der Prozeß mit der Einstellung Senefelders als »königlicher Inspektor der Lithographie« bei der von ihm angegriffenen Steuerkataster-Kommission. 1.200 Gulden Jahresgehalt und 300 Gulden Aufwandsentschädigung waren ihm lieber als das ständige Risiko, gegen eine Konkurrenz zu kämpfen, die von seiner Erfindung des chemischen Steindrucks lebte. Noch am 15. September 1809 war Dominique Vivant Denon aus Paris zum zweiten Mal in der Senefelderschen Anstalt gewesen und hatte eigenhändig die Lithographie »Heilige

Johann Baptiste Seele, Bildnis Johann Christian von Mannlich, Hofmaler, Generalbaudirektor auf Schloß Karlsberg, Centralgaleriedirektor in München, Förderer der Lithographie, Gemälde um 1810

Familie« gezeichnet. Es waren Gespräche darüber geführt worden, ob Senefelder nicht nach Paris käme, um dort eine kaiserliche Lithographenanstalt einzurichten und zu leiten. Auch Graf Lasteyrie hatte darüber mit Aretin korrespondiert. Senefelder blieb in München.

Nunmehr verkaufte er seine Druckerei. Die Abteilung für Geschäftsdrucksachen übernahm der Papier- und Kunsthändler Johann Georg Zeller. Die Kunstabteilung wurde von Johann Christian von Mannlich erworben, der nun aktiv in die Entwicklung des von ihm günstig beurteilten Druckverfahrens eingriff.

8. Januar. Senefelder heiratet Josephine   1810
Versch (geb. 1793), Tochter des Oberauditors Franz Xaver Versch.

19. März Vertrag zwischen Christoph von Aretin, Johann Christian von Mannlich, Nepomuk Strixner, Ferdinand Piloty und Johann Baptist Stuntz bezüglich eines »Gesellschaftsbunds einer neuen Gesellschaft der Steindruckerei-Kunst in München«. Die Firma führt den Namen »Strixner et Piloty et compagnie«.

Herausgabe der ersten Lieferung »Les Œuvres Lithographiques« ab Mai 1810. – Reproduktionsgraphik nach Handzeichnungen, später auch nach Gemälden. 432 Blätter in 72 monatlichen Lieferungen. Johann Wolfgang von Goethe bestätigte Mannlich, der sich für die lithographische Folge besonders einsetzte: »Die Œuvres Lithographiques sind das für sich selbst

Ferdinand Piloty, Löwenjagd, Lithographie, 1817. Nach dem Gemälde von Peter Paul Rubens in der Alten Pinakothek München

bestehende reichste Inkunabelwerk des Steindrucks in der Welt«. Viele Interessenten, auch aus dem Ausland, kamen nun nach München, um die Druckwerkstätte der »Oeuvres Lithographiques« zu besichtigen und selbst Zeichenversuche zu machen, darunter François Gérard aus Paris und Vincenzio Camuccini, Generaldirektor der Museen des Vatikans.

An ganz anderer Stelle und zwar in Stuttgart war inzwischen das viel besprochene »Geheimnis des Steindrucks« publik gemacht worden. Unter diesem Titel hatte Heinrich Rapp von der Stuttgarter Kunstakademie 1810 in der Cotta'schen Buchhandlung in Tübingen ein Buch mit Originallithographien verschiedener Techniken veröffentlicht, – »praktisch und ohne Rückhalt nach eigenen Erfahrungen beschrieben«. Im Vorwort bezeichnet Cotta den Steindruck als »wichtige Kunst, welche den Keim außerordentlicher Ereignisse in sich trägt«. Rapp bringt einleitend in Erinnerung, im Frühjahr 1807 habe »ein ambulierender Steindrucker« (gemeint ist Karl Strohofer) aus München in Stuttgart eine Presse aufgestellt und in »einer Steindruck-Schrift seine Kenntnisse in ziemlich marktschreierischem Tone verkündet«. Cotta nahm sich des Steindrucks an und brachte 1807 Schillers »Reiterlieder« in lithographierter Schrift und Notendruck heraus. Erst nachdem sich Rapp mit Hilfe gelernter Kupferstecher des neuen Druckverfahrens angenommen hatte, konnten überzeugende Proben vorgelegt werden.

Rapp schließt sein rund 80 Seiten starkes Buch: »Alle Experimente bezeugten mir die Wichtigkeit der neuen Erfindung, durch die Bekanntmachung derselben eine größere Teilnahme zu erwecken. Möchten sich die glücklicheren Nachfolger bewogen fühlen, auch ihre Entdeckung der Welt mitzuteilen und so die schnellere Ausbildung der neuen Kunst zu befördern!«

Nachdem der aus Offenbach stammende G. J. Vollweiler in London schon 1806 die »Specimens of Polyautography« fortgesetzt und nunmehr Rapp in Stuttgart daran gemahnt hatte, die Möglichkeiten der Lithographie auch künstlerisch zu nutzen, plante Aloys Senefelder seinerseits die Herausgabe »eines Prachtwerkes, welches in seiner Art einzigartig wäre«.

1811 Johann Anton André besuchte Senefelder im Juni in München und brachte G. J. Vollweiler mit, der als Nachfolger von Philipp André die »Specimens of Polyautography« herausgegeben hatte. André bot an, bei der Herausgabe des Senefelder'schen Werkes mitzuwirken. Nach der Rückkehr nach Offenbach unterbreiteten Vollweiler und André am 17. Juni Senefelder ihre Vorstellungen. Vollweiler schrieb u. a.; in München sei zwar das wesentlichste »über die Herausgabe Ihres Werkes über den Steindruck« festgelegt worden, aber Einzelheiten müßten noch besprochen werden. Am besten solle Senefelder nach Offenbach kommen und zwei bis drei Monate im Hause André wohnen.

André selbst fügt in seinem Brief an den »lieben Freund Senefelder« hinzu, er finde den Vorschlag Vollweilers zweckmäßig: »Sie haben in München kein Lokal, um die Platten aufzubewahren, keins, eine Presse zu stellen, die Presse selbst noch nicht, und würden durch Ihre Arbeiten auf Ihrem Bureau unvermeidlich abgehalten sein... Die Reisekosten wird unser Gewinn an dem vorhabenden Werk voll tragen können...«

Am 30. Juni beantwortet Vollweiler einen nicht mehr erhaltenen, zustimmenden Brief Senefelders. Im Einvernehmen mit André rät Vollweiler, »auf die möglichst schleunige Verfertigung Ihres Werkes zu denken; Herr André läßt Sie bitten, diejenigen Platten, welche Sie von Münchner Künstlern machen zu lassen gedenken, baldmöglichst in Arbeit zu nehmen; er wird deswegen an Herrn Falter schreiben, daß Ihnen dieser nach Erfordernis gegen Ihren Schein bis auf dreihundert Gulden auszahlen solle. Wegen Ihrer Bedürfnisse, die Sie sich noch vor Ihrer Reise anzuschaffen gedenken... wird Ihnen Herr André sogleich den Betrag in einem Wechsel übermachen. Ebenso wünscht er auch, daß Sie wegen Ihrer Reise die Art bestimmen möchten, wie Sie zu reisen gedenken, ob Sie Extra-Post, mit dem Postwagen oder mit einem Lohnkutscher reisen wollen...«

Am 13. August reichte Senefelder sein Urlaubsgesuch ein und äußerte sich dabei über seinen Plan, sein Lehrbuch zu schreiben: »Ich habe dieses Werk bereits vor einigen Jahren angefangen, es ist aber durch die Auflösung meiner Verbindung mit Baron von Aretin ins Stocken geraten... Die Verfertigung der dazu nötigen Platten kommt nach dem geringsten Überschlag auf zweitausend Gulden zu stehen. Es wäre mir nun äußerst erwünscht, durch die Unterstützung des Herrn André Gelegenheit zu haben, meinem Vaterlande und besonders der Königlichen Commission in einem solchen Werke alles das mit einem Male vor Augen zu legen, was ich in meiner Kunst zu leisten imstande bin... Überhaupt hoffe ich durch dieses Werk alle bisher noch existierenden Vorurteile gegen die Steindruckerei vollkommen zu Boden zu schlagen.«

Im Spätsommer reiste Senefelder nach Offenbach. Das Werk sollte mit Hilfe einiger Zeichner aus Frankfurt entstehen. André und Senefelder kamen aber bald zur Einsicht:

»Sehr gute Künstler sind gewöhnlich auch sehr teuer. Einige, die sich verwenden lassen wollten, machten uns ungeheure Preise, sodaß ohne großen Verlust das Werk nicht zu unternehmen war. Die Art zu raisonnieren, hatte zur Folge, daß ich unverrichteter Dinge wieder nach München reisen mußte«.

Von Offenbach aus hatten nach dem ersten Unternehmen von Friedrich André ab 1801 zwei weitere Vorstöße zu interessanten Ergebnissen geführt. 1806 war François Johannot in Paris gewesen. 1807 gründete Friedrich André wiederum eine Steindruckerei in Paris und lieferte Blätter zum bedeutenden Werk »Le voyage au midi de la France« von Luis Aubin Millin. Johann Conrad Susemihl lithographierte bei André zwölf Blätter zu einem Werk über Spanien von F. Fr. Bourgoing. Graf Lasteyrie kommentiert, die Drucke bei André seien gut ausgeführt, die Lithographie eigne sich besonders gut für Aufgaben der Industrie, für künstlerische Darstellungen seien jedoch – in Frankreich einstweilen – »größere Klarheit und Differenzierung der Töne notwendig«. Schwierigkeiten machten vor allem die Steinplatten. 1809 verkauft André seine Anstalt an den Maler Guyot-Desmarais. Graf Lasteyrie stand mit Senefelder brieflich in Verbindung und kam 1812 nach München.

Johann Anton André hielt Aloys Senefelder dazu an, eine »ausführliche Beschreibung der verschiedenen lithographischen Manipulations-Arten zu machen«. Senefelder schreibt: »Im Jahre 1816 kam Herr André wieder nach München ... Wir sahen der baldigen Vollendung des Werkes so sicher entgegen, daß Herr André auf der Leipziger Ostermesse schon eine vorläufige Nachricht davon zirkulieren ließ«. Auch in der »Frankfurter Zeitung« vom 11. Juni 1816 wurde dieser Hinweis publiziert.

1812　　Graf Lasteyrie aus Paris, seit Jahren um die Einrichtung eines leistungsfähigen Steindruckverlages in Paris bemüht, hält sich drei Monate in München auf. 1814 fährt er wiederum nach München, um auch Druckpressen zu bestellen.

1813　　16. Juni Geburt des Sohnes Heinrich Senefelder. Frau Senefelder stirbt mit 20 Jahren am 31. August. Reise Senefelders nach Leipzig im Oktober. Am 12. Dezember heiratet Senefelder Maria Anna Reiß aus Mannheim (geb. 1779), Tochter von Peter Reiß und Nichte des Kapellmeisters Peter Winter.

1815　　Geburt des zweiten Sohnes am 8. Januar. Er starb bereits im Oktober 1816.

1816　　Johann Anton Andrés erneutes Angebot, die Herausgabe des Senefelderschen Lehrbuches zu übernehmen, blieb zunächst ohne Ergebnis, da Senefelder auf Einladung von Buchdrucker und Buchhändler Karl Gerold nach Wien reiste, um dort eine lithographische Anstalt einzurichten. Als Zeichner standen Heinrich Papin und Lorenz Kohl zur Verfügung. Steiner, dem Senefelder am Ende seines ersten Wiener Aufenthalts die Steindruckerei verkauft hatte, setzte dem Gerold'schen Unternehmen Widerstand entgegen. Senefelder ließ »Zeichnungen in verschiedenen Manieren verfertigen, welche dazu dienten, den Kunstliebhabern zu zeigen, was sich durch die Hilfe der Lithographie leisten lasse; es wäre überhaupt leicht, diese Kunst in Wien auf einen hohen Grad von Vollkommenheit zu bringen, da man daselbst an vorzüglichen Künstlern keinen Mangel hat«. Zu Kohl und Papin gewann Senefelder von Aurach und Adolf Kunike, den Zeichenlehrer des Fürsten von Schwarzenberg hinzu. Kunike wurde ein vorzüglicher Lithograph, der vor allem mit dem Tondruck umgehen konnte. Nach der Rückreise Senefelders 1817 nach München übernahm Kunike die Druckerei, während Graf Pötting das Wiener Lithographische Institut gründete. Die Voraussetzungen für Künstler wie Jakob Alt und Ferdinand Olivier waren geschaffen. Diese sollten in den folgenden Jahren Meisterwerke der Lithographie schaffen, darunter Oliviers »Sieben Gegenden aus Salzburg und Berchtesgaden«, von denen die ersten Blätter bereits 1818 beim »Lithographischen Verein«, andere Blätter gegen 1822 bei Kunike erschienen. Einer der bedeutendsten Porträtlithographen in Wien wurde Joseph Kriehuber.

Nach der Mitte des zweiten Jahrzehnts des 19. Jahrhunderts, nach Beendigung der Napoleonischen Kriege, setzte eine Welle von Neugründungen lithographischer Anstalten in ganz Europa ein. Von früheren Einrichtungen war schon die Rede: Steindruckereien in Offenbach, London, Regensburg, Paris, Wien, Berlin, Augsburg, Stuttgart, Leipzig. 1807 hatte die Lithograhie in Mailand (durch Werz) und in Zürich (durch Karl Theodor Müller aus Breslau), 1807 in Rom (durch Andreas Dall'Armi), 1809 durch Niedermayr im Auftrag von Ludwig Plattner in Holland, 1809 ebenfalls in Weimar Eingang gefunden. 1810 begann Cronenbold in Prag mit dem Steindruck. In Rom hatte 1807 einer der bedeutendsten Landschaftsmaler jener Zeit, Joseph Anton Koch, eine Zeichnung lithographieren lassen.

In Rußland hatte Gotthelf Fischer von Waldheim im Sommer 1804 der Erfindung Senefelders Aufmerksamkeit geschenkt. Als Direktor des Museums in Moskau war er – wie seine Museumskollegen Denon in Paris und Mannlich in München – an der Künstlerlithographie interessiert. Der erste Künstlerlithograph in Rußland scheint Alexander Orlowski, ein gebürtiger Pole, gewesen zu sein. Der livländische Baron G. L. Schilling vom Russischen Außenministerium hatte die Erlaubnis des Zaren Alexander I. erhalten, sich in München mit den Techniken der Lithographie, mit dem Bau von Druckpressen zu beschäftigen. Bekannt wurde Schillings Kreidelithographie zu Pusch-

Alexander
Orlowski,
Reiterkampf,
Lithographie,
1819

kins Gedicht »Der gefährliche Nachbar«. Ab 1815/16 begann Orlowski in der in Petersburg errichteten Steindruckerei zu arbeiten. Einige Namen von Künstlern, die von den zwanziger Jahren an in Rußland lithographierten: Beloussoff, Borowikowsky, Galaktionoff, Brülow, Kiprensky, Newachowitsch, Schewtschenko und Worobieff. Mannlich berichtet in seinen Lebenserinnerungen, daß ihm auch vom russischen Zaren Anerkennung für die »Oeuvres lithographiques« zuteil geworden sei. Senefelder berichtet 1818, auch in Astrachan im Wolga-Delta sei »die neue Kunst eingewandert«.

Zur gleichen Zeit wurde auch in Philadelphia lithographiert. Bereits 1808 soll ein Dr. Mitchell aus New York – nach einem Bericht von »National Intelligencer and Washington Adviser« – aus Paris einen Litho-Stein und Litho-Tinte mit in die USA gebracht und erste Versuche gemacht haben. Wir greifen der weiteren Entwicklung etwas voraus: 1818 war die »American Philosophical Society« stolz darauf, einen Stein »imported from Munich« zu besitzen. Im gleichen Jahr lithographierte der erste namhafte amerikanische Lithograph Bass Otis einige Arbeiten. Er benutzte Kalksteine aus dem Gebiet Dirks River in Kentucky. In »Western Review« wurde 1820 berichtet, man sei »glücklich darüber, den gleichen Stein zu besitzen, wie ihn die deutschen Künstler benutzen«. 1822 wurde in New York die Steindruckerei Barnet & Doolittle, in Washington die Firma Williams S. Pendleton gegründet, die 1824 in Boston eine Filiale einrichtete.

1819 hatte Madrid, 1820 Barcelona die ersten lithographischen Anstalten erhalten. So hatte sich in der kurzen Zeitspanne von 1815 bis 1820 der Wunsch Senefelders erfüllt: »Ich wünsche, daß diese Kunst, bald auf der ganzen Erde verbreitet, der Menschheit durch viele vortreffliche Erzeugnisse vielfältigen Nutzen bringen und zu ihrer größeren Veredlung gereichen möge«.

Die Senefelder'sche Erfindung wäre nicht so erfolgreich, ihre technischen, ökonomischen, künstlerischen Auswirkungen nicht so bemerkenswert gewesen, hätten die Leistungen an einigen zentralen Plätzen nicht ständig neue Energien, neue Verbesserungen ausgelöst. Eine dieser »Energiequellen« war Paris. Am 15. April

Pierre Nolasque Bergeret, Les Musards de la Rue de Coq, kolorierte Lithographie, 1805

1816 eröffnete Graf Charles de Lasteyrie in der Rue du Four-Saint-Germain Nr. 54 sein Etablissement. Die kommerzielle Leitung übernahm Brégant, die künstlerische Delpech. Im Juni 1816 folgte die Eröffnung der lithographischen Anstalt von Godefroy Engelmann in der Rue Casette Nr. 18. Dieser 1788 in Mulhouse im Elsaß geborene Lithograph, seit 1809 mit der Tochter eines Cattunfabrikanten verheiratet, war 1814 in München gewesen und hatte bei Strixner, Piloty und Stuntz beste Erfahrungen sammeln können. Um Engelmann und Lasteyrie sammelten sich bedeutende französische Künstler wie Carle und Horace Vernet, Regnault, Mongin, Denon und Pierre-Narcisse Guérin. Denon lithographierte ebenfalls bei Lasteyrie, der mit Guérin, dem Lehrer von Géricault und Delacroix, auch mit Jean Antoine Gros in Verbindung stand. Dies war der Auftakt zur großen Zeit der französischen Künstlerlithographie, die so bemerkenswerte Leistungen auf dem Gebiet der Graphik hervorbrachte und entscheidende Impulse gab.

Friedrich von Schlichtegroll, der Generalsekretär der Königlich-Bayerischen Akademie der Wissenschaften publizierte zwischen

Bildnis Friedrich von Schlichtegroll, Generalsekretär der Kgl. Bayerischen Akademie der Wissenschaften, um 1820

November 1816 und Februar 1817 im »Öffentlichen Anzeiger für Kunst- und Gewerbefleiß« fünf Briefe über die Erfindung der Lithographie. Sie waren gerichtet an Kreisrat Lipowsky, an Franz von Krenner, an Johann Wolfgang von Goethe, an Freiherr von Moll und an Prof. May in Augsburg. Senefelder las sie bereits in Wien und fand sich dazu aufgefordert, »eine ausführliche Geschichte seiner Erfindung selbst zu geben und ein mit Musterblättern ausgestattetes Lehrbuch zu schreiben«. Wir sagten schon, daß Rapps Buch über den Steindruck 1810 erschienen war: 1813 hatte H. Banks »The art of making Drawings on Stone« veröffentlicht (1816 bereits zum zweiten Mal aufgelegt). Nach seiner Theaterschriftstellerei in den frühen neunziger Jahren hatte Senefelder nur noch gelegentlich zur Feder gegriffen, wenn es galt, seine Anträge für die Patente zu erläutern und seine Erfindung darzulegen, wie beispielsweise in den umfangreichen Ausführungen, die er am 18. Juli 1801 als Antwort auf die Ausstellung des englischen Privilegs abfaßte. Diese frühen und sehr wichtigen, bisher von der Forschung nicht berücksichtigten Erläuterungen werden 1808 ergänzt durch die wesentlich kürzeren Angaben in Senefelders »Musterbuch«. Schlichtegroll hatte jedoch recht, Senefelder darauf hinzuweisen, daß es an einem Überblick fehle, der die Entstehung und Weiterentwicklung der Lithographie schildere.

1817 Senefelder ließ sich nicht drängeln. Zunächst unternahm er nach seiner Rückkehr aus Wien neue Versuche auf dem Gebiet der Metallographie und Papyrographie. Schlichtegroll weist auch auf die Konstruktion kleinerer Pressen »für den Privatgebrauch« hin, um die »Anwendung derselben in Kanzleien und Schreibstuben zu erleichtern«. 1817 konstruierte er das Modell einer Druckpresse, »wo das Naßmachen und Einfärben der Platte nicht unmittelbar durch Menschenhand, sondern durch den Mechanismus der Presse selbst geschieht, die man nötigenfalls ans Wasser setzen und fast ganz ohne menschliche Beihilfe in Bewegung bringen kann«.

Ein solches Modell, mit dem man von Metallplatten als Ersatz für Steinplatten drucken konnte, wurde von der Akademie der Wissenschaften und dem Polytechnischen Verein für Bayern geprüft und positiv beurteilt. König Maximilian I. beglückwünschte den Erfinder.

Zu den technischen Erfolgen kamen erneut künstlerische hinzu. 1817 erschien die »Sammlung von Originalhandzeichnungen der vorzüglichsten lebenden bayerischen Künstler in dem hierzu einzig geeigneten Steindruck« im Verlag von Zeller. Vereinigt waren die Lithographien von 24 »patriotischen Künstlern«. (1804 hatte Mitterer schon »sieben patriotische Künstler« als Münchner Lithographen vorgestellt.) Von München aus wollte man beweisen, zu welchen Leistungen man auf dem Gebiet der Künstlerlithographie gelangt sei. An dem Unternehmen, das keine Kopien, sondern ausschließlich »Blätter von eigener Composition in einer beliebigen Kunstmanier« enthalten durfte, beteiligten sich u. a. Johann Jacob Dorner, Eckemann-Alesson, Friedrich von Gärtner, Heinrich Heß, Peter Heß, Johann Adam Klain, Max Wagenbauer, Domenico, Lorenz und Simon Quaglio, Mettenleiter d. Ä. und d. J., Nepomuk Strixner, Simon Warnberger, Georg von Dillis und Clemens Zimmermann.

1818 Ab Winter 1817 bis Frühjahr 1818 schrieb Senefelder sein »Vollständiges Lehrbuch der Steindruckerei, enthaltend eine richtige und deutliche Anweisung zu den verschiedenen Manipulations-Arten derselben in all ihren Zweigen und Manieren, nebst einer vorangehenden ausführlichen Geschichte dieser Kunst von ihrem Entstehen bis auf gegenwärtige Zeit«.

Schlichtegroll hatte Ostern 1818 das Vorwort niedergeschrieben und darauf hingewiesen: »Die Kürze der Zeit erlaubte dem Verfasser nicht, das, was er eigentlich als ersten Entwurf niedergeschrieben hatte, noch einmal zu überarbeiten und zu verkürzen«.

Das Buch erschien bei Karl Thienemann in München und bei Karl Gerold in Wien. Es enthält 20 Lithographien, darunter auch das Blatt nach der berühmten Portland-Vase (blaue Henkelvase mit weißem Glas überzogen, römische Arbeit des 1. Jahrhunderts, im British Museum in London). Zweite deutsche Auflage 1821, bei E. A. Fleischmann, dritte Auflage 1827 bei Joseph A. Finsterlin, München. Neudrucke durch den Verband der Lithographen, Steindrucker und verwandten Berufe, Berlin 1909 und 1925, sowie 1970, Heinz Moos Verlag, München.

Nach der Fertigstellung des Lehrbuches intensive Weiterarbeit an dem Projekt, künstliche Steinplatten (Surrogate) herzustellen.

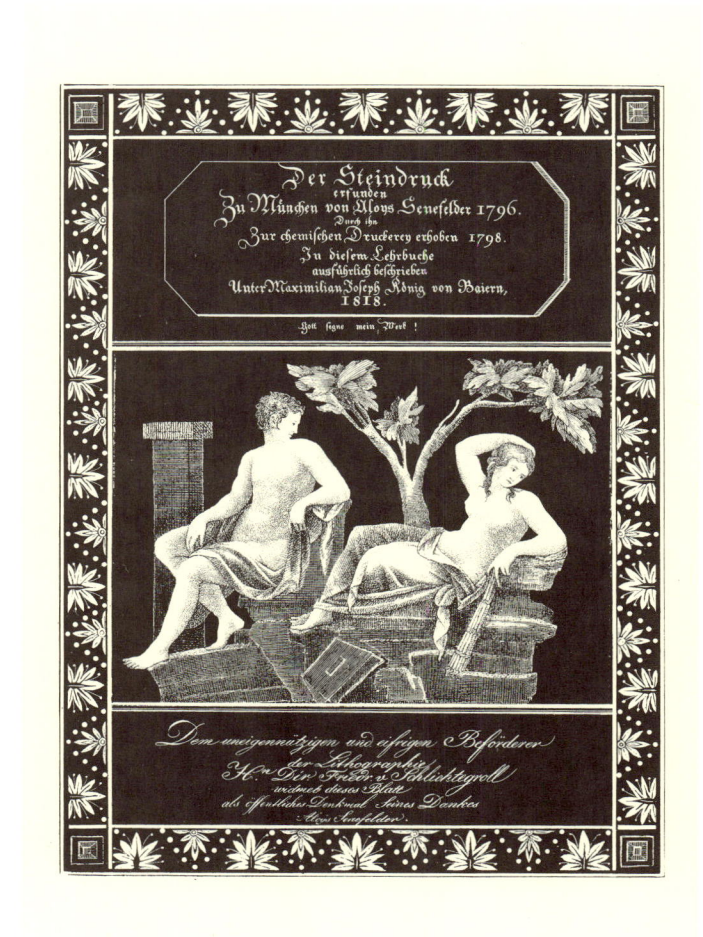

Im letzten Abschnitt seines Lehrbuches kündigte Senefelder an, er wolle »in einem bald nachzutragenden Supplement-Band sich mit noch nicht bekannten Manieren befassen und sie mit einem wahren Kunstwerk belegen«. Dazu kam es nicht.

Im Jahre 1818 waren drei andere Schriften über die Lithographie erschienen: Bereits im Januar »La Notice sur la Lithographie« von F. Mairet in Chatillon-sur-Seine und auf Anregung von Lasteyrie; zweite Auflage 1824, (mit einigen kleinen Lithographien) und eine Arbeit von M. Peignot, die 1819 unter dem Titel »Essai historique sur la lithographie« erweitert wurde, sowie die ebenfalls 1818 in Mainz erschienene, völlig in Vergessenheit geratene kleine Schrift von Franz Xaver Mettenleiter (Sohn von Johann Michael Mettenleiter), seit 1815 Hessischer Hoflithograph in Darmstadt. Diese Publikationen blieben im Schatten des Lehrbuches von Senefelder, sind jedoch wichtige Zeugnisse für das Bekanntwerden der lithographischen Techniken.

Senefelder widmete sich, getrieben vom Drang des Erfinders, seinen bereits begonnenen Versuchen, künstliche Lithographiesteine herzustellen. Er bestrich Pergamentpapier mit Kalk und frisch geronnener Milch und brachte das Papier in eine Lösung von Alraun und Gallus. Schließlich entdeckte er, daß man »von Ton, Kreide, Leinöl und Metalloxyden eine so vorzügliche steinartige Masse verfertigen kann«. Werden Papier, Leinwand, Holz oder Metall mit dieser Masse überstrichen, so erhält man Druckplatten, »welche nicht nur den Stein ersetzen, sondern noch beträchtlich übertreffen«.

1818 schließt Senefelder mit Johann Anton André in Offenbach einen Vertrag ab, gemeinsam eine Fabrik zur Herstellung künstlicher Steine zu gründen. Er erhält dafür 4.000 Gulden. Das Projekt wurde nicht verwirklicht.

Im Januar reist Senefelder mit seiner Frau und Joseph Knecht, der bereits mit Friedrich André ab 1801 in Paris gewesen war, über Straßburg nach Paris. Er wohnt in der Rue Bourbon, Nr. 11, und richtet in der Rue de Lille eine

Titelblätter zum Lehrbuch der Steindruckerei von Aloys Senefelder, deutsche Ausgabe 1818, französische Ausgabe 1819

Steindruckerei ein. Mit mehreren Unterbrechungen dauert der Pariser Aufenthalt bis 1824.

Unmittelbarer Anlaß für die Reise nach Paris waren die Herausgabe von Senefelders französischem Lehrbuch und die Bemühungen um Plattenersatz für die Steine. Am 22. Februar 1819 wurde ihm das Pariser Patent für »Papyrographische Platten« ausgestellt. Treuttel & Würtz, die Senefelders Lehrbuch in französischer Sprache herausbrachten, interessierten sich für die neue Erfindung Senefelders und schlossen am 19. Juni mit Senefelder einen Vertrag, der es ihm ermöglichte, die 4.000 Gulden an André zurückzuzahlen.

Am 20. Januar hatte Senefelder einen Brief an Schlichtegroll geschrieben. Danach ist zu schließen, daß Schlichtegroll die Verbindung mit Treuttel & Würtz hergestellt hatte. Für die Übersetzung sowie für 500 Hefte Musterblätter verpflichteten sich Treuttel & Würtz 6.000 Franken zu zahlen. Das Lehrbuch trägt den Titel »L'art de la Lithographie, ou instruction pratique contenant la description claire et succincte des différens procédés à suivre pour dessiner, graver et imprimer sur pierre précédée d'une histoire de la lithographie et de ses divers progrès«. Der historische Teil ist gegenüber der deutschen Ausgabe gekürzt. Von besonderem Interesse sind die Musterblätter der Bildbeilagen, die gegenüber den technischen Beispielen der deutschen Ausgabe um neue Blätter erweitert wurden. Die Drucke (darunter Blätter von Electrine Stuntz und Henri Jacob) sind vorzüglich. Das französische Lehrbuch wurde für 50 Franken verkauft.

In demselben Jahr erschien bei Rudolf Ackermann in London die englische Ausgabe unter dem Titel »A complete course of Lithography bei Aloys Senefelder«. Die Übersetzung stammt von Nathanael Schlichtegroll, einem Sohn des Münchner Generalsekretärs der Akademie der Wissenschaften. 1824 wurde Senefelders Lehrbuch in Neapel verlegt.

Im August 1819 war Senefelder in München und schloß am 15. August einen Vertrag mit Ferchl und dem Sohn Gleißner, die beide in die Pariser Firma »Senefelder & Comp.« als Mitarbeiter eintraten. Von München aus fuhr Senefelder im November nach Wien, um hier eine Steindruckerei bei einem Ministerium einzurichten. Dabei traf er mit Fürst Metternich zusammen, der ihm anbot, gegen 3.000 Gulden Jahresgehalt Direktor der Geheimen Staatsdruckerei zu werden. Senefelder sollte zunächst die Protokolle des Wiener Kongresses drucken. Er lehnte jedoch ab, da er seiner Druckerei in Paris verpflichtet war. In einem Brief an Knecht (24. November 1819) geht er darauf ein, daß Gleißner und Ferchl nicht zur Zufriedenheit arbeiten. Mit Verspätung reist Senefelder am 21. Dezember in Wien ab, Ende Dezember in Begleitung seiner Brüder Clemens und Theobald von München nach Paris.

1820 Senefelder widmet sich ganz der Erprobung und Herstellung künstlicher Steintafeln, sowie der Verbesserung der kleinen Handpresse. Möglicherweise ist Senefelder für kurze Zeit einer Einladung nach London gefolgt, um auch hier die Fabrikation künstlicher Steine einzuleiten.

Im August fährt Senefelder nach München zurück. Am 4. September bittet er um Verlängerung seines Urlaubs und reist nach Genehmigung seines Antrags nach Paris zurück. Er legt der Pariser Gesellschaft der Künste und Wissenschaft einen Bericht über die von ihm erfundene Papyrographie (auch »Cartons lithographiques« genannt) vor. Schon Monate zuvor, am 24. Mai 1820, hatte ihm der persische Gesandte Mirza Abdul Hassan Khan in persischer Niederschrift auf einem künstlichen Stein Anerkennung gezollt. 1820 gab Senefelder das Heft heraus mit dem Titel »Recueil papyrographique – Premier Essais de l'impression chimique sur cartons lithographiques« (mit vier Tafeln).

1821 Im Frühjahr war Senefelder wieder in München. Zweite Auflage des Lehrbuches in deutscher Sprache. Im Mai hatte er eine Audienz bei König Maximilian Joseph, der ihm zu bedenken gibt, die künstlichen Steintafeln würden »dem bisher für das Land Bayern einträglichen Verkauf der bayerischen Steinplatten großen Schaden zufügen«. Im Herbst reiste Senefelder wieder nach Paris zurück. Zu den Produkten seiner Verlagsanstalt gehören u. a. »Les Arts et les Métiers, Recueil de Caricatures« von Gaillot, sowie Noten und Gebrauchspapiere.

Lithographische Nachbildung einer alten Zeichnung

Die »Société des Arts« verleiht ihm die Goldmedaille, die »Société d'Encouragement« die Große Goldmedaille.

Während Senefelder sich in Paris um die Herstellung künstlicher Steine bemühte, kam 1820 einer der genialen Künstlerlithographen der Frühzeit von Paris nach London: Théodore Géricault, in Begleitung von Nicolaus-Toussaint Charlet. Géricault arbeitet in der Steindruckerei von Charles Hullmandel, der bei Senefelder in München gewesen war und einer der führenden Lithographen jener Zeit wurde. Bei Hullmandel entstehen zwölf Meisterwerke der lithographischen Kunst Géricaults, auch einige Federzeichnungen auf künstlichen Steinen. Die Druckereien von Hullmandel und Ackermann bringen in der Folge ausgesprochene Prachtwerke hervor, darunter »Repository of Arts« und »Britannia Delineata«, auch Baron Taylors »Voyage Pittoresque en France« mit einer Reihe von Lithographien von Richard Parkes Bonnington, die bei Hullmandel gedruckt wurden.

Inzwischen hat auch – ab 1819 – Francisco de Goya im Alter von 73 Jahren die Lithographie aufgenommen. Unter seinen Händen wird die Technik zu einer graphischen Kunst höchsten Ranges. An den Blättern, die Goya noch 1825 in Bordeaux lithographierte, ermißt man, welche Ausdrucksmöglichkeiten und welche technischen Möglichkeiten die Lithographie erschloß. Auch Eugène Delacroix tritt nun mit lithographischen Meisterblättern auf den Plan.

1822 Der Erfinder Aloys Senefelder müht sich um diese Zeit immer noch um Verbesserung der Techniken und der künstlichen Steinplatten. Am 23. März setzt Knecht einen von Senefelder korrigierten Vertrag auf, nachdem mit Treuttel & Würtz eine Fabrikationsstätte gegründet werden soll. Mißerfolge verhindern den Plan. Die Schicht auf den Trägern löst sich ab. Der Originalstein bleibt weiterhin bevorzugt.

Senefelder verkauft seine Druckerei an Knecht. Als Firma »Senefelder & Knecht« bleibt sie in Paris bis 1831 bestehen.

1824 Senefelder, von Paris endgültig zurückgekehrt, verfaßt in München einen Anhang zu seinem Lehrbuch: »Behandlungsart des Überdruckes auf den kleinen lithographischen Handpressen« (Druck bei Ernst August Fleischmann).

Die Schrift bezieht sich auf die Verwendung der 1818 konstruierten kleinen Handpresse. Sie bestand aus einem Klappkasten mit Druckrahmen und Reiber, der durch einen Griff bewegt werden konnte, und den eingelegten Stein abdruckte. Sie existierte in verschiedenen Größen.

1825 Abfassung der Schrift »Anleitung zur Stereotypie«. Sie erläutert Senefelders, mit Würtz in Paris vorgenommene Versuche, Schrifttypen in einer teigartigen Masse einzudrücken. Die Form, gleich einer Mater, wird feuerfest, so daß man eingeschüttetes Zink, Messing oder

Aloys Senefelder.
Felslandschaft
mit Brücke.
Ölgemälde- und
Mosaikdruck,
um 1827

Kupfer abgießen kann. Damit sollte die bisherige Art zu stereotypieren abgelöst werden. Senefelders Bruder Clemens hat (nach Ferchl) diese Erfindung in einem umfangreichen, nicht veröffentlichten Manuskript dargelegt.

1827 Am 1. Oktober wird Aloys Senefelder als »Inspektor der Lithographie« der Steuerkataster-Commission pensioniert. Er erhält 1.200 Gulden jährliches Ruhegehalt. Dritte Auflage des Lehrbuches in deutscher Sprache. Er unterhält weiterhin ein Laboratorium und widmet sich der Herstellung des »Ölgemälde- oder Mosaikdruckes«, der seine letzte Erfindung werden sollte. Dieser Ölgemälde- oder Mosaikdruck hat nichts mit der Chromolithographie zu tun, die Senefelder schon vor dem Erscheinen seines Musterbuches im Jahre 1808 erfunden und erprobt hatte, und die von Franz Weishaupt, von Godefroy Engelmann und Charles Hullmandel weiterentwickelt wurde.

Der Ölgemälde- oder Mosaikdruck stellt ein eigenes Verfahren dar. Franz Maria Ferchl (1862) und Carl Wagner (1914) geben über diese letzte Erfindung Senefelders, die vom Buntdruck und durch Offsetdruck längst überholt ist, folgende Auskunft: Zum Druck des Bildes ist keine Presse nötig, auch keine Walze zum Auftrag der Farben. Keine Farbplattenzerlegung, um die Mischfarben aufeinander zu drucken. Die Grundplatte wird mit der Kreide oder Feder in die Farben des Originalgemäldes aufgeteilt. Kleine Zylinder mit Farben werden mosaikartig zusammengesetzt in eine Form eingeschlossen. Die Oberflächen der Zylinder werden mit farblösender Ätzlauge befeuchtet. Durch Reiben auf Leinwand oder Papier erhält man das farbige Bild. Senefelder stellte auf diese Weise bereits Reproduktionen nach einer Landschaft von Wagenbauer, nach Pferdeköpfen von Albrecht und Julius Adam, nach einem Gemälde »Der Trinker« aus der Pinakothek dar und reproduzierte u. a. auch ein Porträt von König Otto von Griechenland. Es konnten zwischen 60 und 100 Abzüge gemacht werden.

König Ludwig I. verlieh Senefelder die Goldene Ehrenmedaille des Zivilverdienstordens der Bayerischen Krone und ordnete einen Zuschuß von 2.000 Gulden an, von dem der Erfinder noch 500 Gulden entgegennahm.

Louis Sachse, der frühere Privatsekretär von Wilhelm von Humboldt, weilte nach seinem Aufenthalt bei Knecht in Paris, bei Senefelder in München und gründet 1828 eine lithographische Anstalt in Paris.

1830 In einem Brief vom 31. Januar teilt Senefelder Sachse mit, er plane für das Frühjahr eine Reise nach Paris und wolle dort den zweiten Teil seines Lehrbuches fertigstellen. Schon am 14. Februar 1828 hatte Senefelder seinem Freund Knecht in Paris angekündigt, er werde »bald mit dem zweiten Teil meines Lehrbuches fertig«. Senefelder hoffte, dadurch Schulden abtragen zu können. Der zweite Teil des Lehrbuches erschien jedoch nicht.

Über die finanziellen Verhältnisse Senefelders spricht sich seine Frau 1821 brieflich an Treuttel & Würtz aus: »Alles, was er bekommt, schenkt er wieder weg, wenn ich etwas dagegen sage, ist er sehr unartig.« Umso energischer hielt sie das Geld zusammen. Sie starb am 22. Mai 1857.

1832 Honoré Daumier, bei einem Pariser Berufslithographen ausgebildet, beginnt mit seinen Lithographien für »La Caricature«.

1833 Adolph Menzel, der seine erste Ausbildung in der kleinen lithographischen Anstalt seines Vaters erhalten hat, zeichnet und druckt seine sieben lithographischen Blätter »Aus dem Leben Martin Luthers« in einem Berliner Bilderbuch für die Jugend.

1834 Am 26. Februar, 10 Uhr 30, stirbt Aloys Senefelder nach sechszehntägigem Krankenlager im Alter von 63 Jahren. Er hatte einen Gehirnschlag erlitten. Am 28. Februar wird er auf dem alten Südfriedhof in München beerdigt.

Im Todesjahr Senefelders erschien Franz Xaver Gabelsbergers »Anleitung zur deutschen Redezeichenkunst oder Stenographie«. Die Lithographie ermöglichte den Druck der stenographischen Kürzel.

1846 König Ludwig I. ließ über dem Grab Senefelders einen Grabstein mit einer Solnhofer Platte errichten, auf der auch der Name des Sohnes Heinrich steht, der am 31. Dezember 1845 gestorben war.

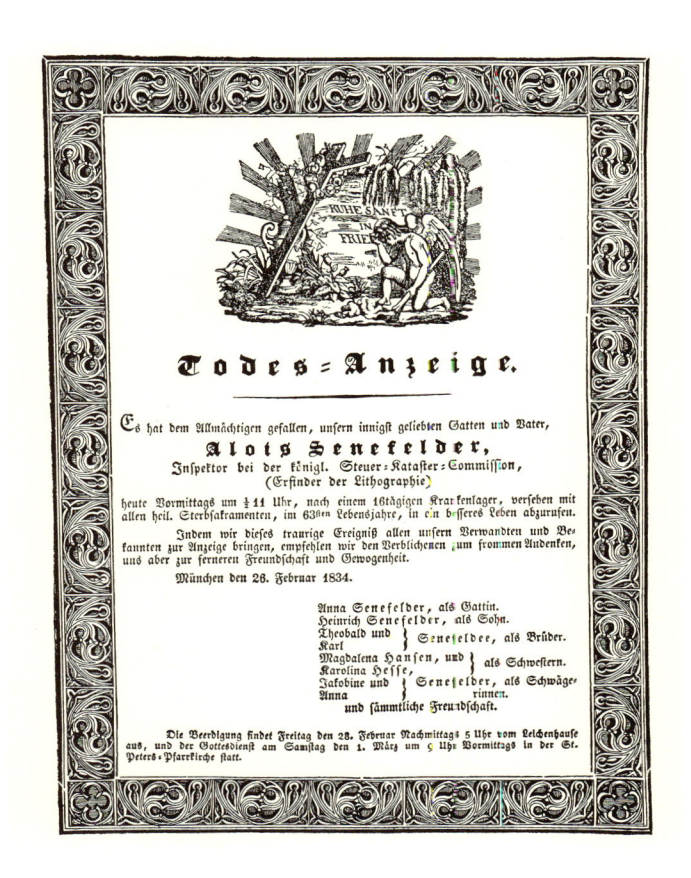

Die Totenmaske Aloys Senefelders

Honoré Daumier,
Skizzen
aus einer
Ausstellung.
Lithographie,
1852

Abbildungen von Künstlerlithographien des 19. Jahrhunderts

Johann Konrad
Gessner.
Angreifende
Kavallerie.
Lithographie.
1803

Heinrich Füßli,
Raub
des Ganymed,
Lithographie,
1804

Francisco Goya,
Stierkampf –
Der berühmte
Amerikaner
Mariano Ceballos.
Lithographie,
1825

Eugène
Delacroix.
Königstiger.
Lithographie,
1829

Louis-François
Lejeune,
Kosakenreiter,
Lithographie,
1806

Nicolas Toussaint
Charlet,
Der Tod
des Kürassiers,
Lithographie,
1818

Dominique-
Vivant Denon,
Heilige Familie,
Lithographie
in München
gedruckt,
1809

Essai au Crayon à la Plume et à L'Estompe.

Richard Parkes
Bonington,
Rue du
Gros Horloge,
Lithographie,
1824

Karl Friedrich
Schinkel.
Gotische Kirche
im Eichenhain.
Lithographie.
1815

Karl Blechen,
Klosterkirche
am Fluß,
Lithographie

Wilhelm Reuter,
Badende Nymphe,
Lithographie,
1805

Joseph
Anton Koch,
Das Sabinergebirge
mit dem Kloster
Subiaco,
Lithographie,
1810

Karte des
Königreiches
Bayern, farbige
Lithographie,
1808

Baiern 1808

EINTHEILUNG
Des Königreichs Baiern.

I MAINKREIS
II PEGNIZKREIS
III NABKREIS
IV REZATKREIS
V ALTMÜHLKREIS
VI OBERDONAUKREIS
VII LECHKREIS
VIII REGENKREIS
IX UNTERDONAUKREIS
X ISARKREIS
XI SALZACHKREIS
XII ILLERKREIS
XIII INNKREIS
XIV EISAKKREIS
XV ETSCHKREIS

Maaſstab von 10 Geograph. Meilen.

Aloys Senefelder,
Muster
für lithographische
Kattundrucke,
1803.
Germanisches
Nationalmuseum
Nürnberg

Lithographiertes
Titelblatt,
Schott, Mainz

DIE BEIDEN GRENADIERE
Gedicht von Heine
DUETT
für Bariton und Bass
mit Begleitung des Piano-Forte
VON
CARL GOLLMICK
Op. 60.
2te Folge der Lieder-Sammlung mit Piano-Forte-Begleitung No. 33.

No. 5933.   Pr. M. 1.50.

Eigenthum der Verleger.

LONDON   MAINZ
SCHOTT & Cº   B. SCHOTT'S SÖHNE

BRÜSSEL   PARIS
SCHOTT FRÈRES   EDITIONS SCHOTT

Printed in Germany.

Johann Gottfried
Schadow,
Herr im
Sonntagskleid
mit Zylinder
und Stock
(Rechnungsrat
Rudolf Schadow,
Bruder des
Künstlers),
Lithographie,
1824

Horace Vernet,
Bildnisse
bekannter
Zeitgenossen,
Lithographie,
gedruckt bei
Peter Wagner,
Karlsruhe

Carle Vernet.	Perlet, Rôle de Rigaudin de la maison en Loterie.	M. Schmitz, Maréchal de camp en retraite.
Chauvelin.	Maurocordato, Chef du Gouvernement de la Grèce.	M. Macdonald.
Le Général Foy.	M. Perregaux.	Carle Vernet.

H. Vernet inv.   Lith: de P. Wagner à Carlsruhe.   G. Artzt del.

85

Joseph Lancedelly d. Ä., Mummerei. Farblithographie aus dem »Theuerdank« um 1820

Friedrich
von Gärtner,
Antike Fragmente,
Lithographie,
1818

Joh. Anton
Ramboux,
Das Monument
zu Igel.
Süd- und Ostseite.
Lithographie,
1825

Vier Bildnisse,
Zeichnungen von
Jean Dominique
Ingres,
lithographiert
bei C. Hullmandel
in London,
um 1820

Godefroy Engelmann, Bildnis des jungen Lambton (nach Thomas Lawrence), Dreifarbendruck-Lithographie, 1837

MASTER LAMBTON.

Ernst Fries,
Der gesprengte
Bibliotheksturm
vom Heidelberger
Schloß,
Lithographie,
1820

Ferdinand Olivier, Gottesacker zu St. Peter in Salzburg, Lithographie, 1823

Bildnis
Johann Wolfgang
von Goethe.
Zeichnung von
Kiprinski,
lithographiert von
Henri Grevedon.
1826

Thomas
Shotter Boys.
Notre Dame.
Farblithographie.
1839

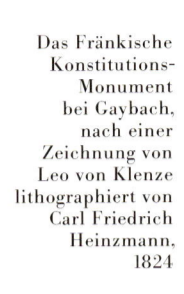

Das Fränkische Konstitutions-Monument bei Gaybach, nach einer Zeichnung von Leo von Klenze lithographiert von Carl Friedrich Heinzmann, 1824

CONSTITUTIONS — MONUMENT
bei Gaybach in Franken,
errichtet von Sr. Erlaucht
dem Grafen von Schoenborn

Literaturhinweise (Auswahl)

Aloys Senefelder
Vollständiges Lehrbuch der Steindruckerei.
München 1818. Französische und englische
Übersetzungen Paris und London 1819.

Godefroy Engelmann
Manuel du dessinateur lithographe.
Paris 1823

Charles Hullmandel
The art of drawing on stone.
London 1824

I.H.M. Poppe
Die Lithographie in ihrem ganzen Umfang.
Stuttgart 1833

Franz Maria Ferchl
Übersicht der einzig bestehenden vollständigen
Inkunabeln-Sammlung der Lithographie
und der übrigen Senefelderschen Erfindungen.
München 1856

Heinrich Weishaupt
Das Gesamtgebiet des Steindrucks.
Weimar 1865

Julius Aufsesser
Künstlerische Frühdrucke der Lithographie.
In »Zeitschrift für Bücherfreunde«,
1. Jahrgang, Heft 3, 1897

Walter Gräff
Die Einführung der Lithographie
in Frankreich. Dissertation,
Heidelberg 1906

Carl Kappstein
Der künstlerische Steindruck.
Berlin 1910

Carl Wagner
Alois Senefelder, sein Leben und Wirken.
Leipzig 1914

Curt Glaser
Die Graphik der Neuzeit.
Berlin 1922

Heinrich Schwarz
Die Anfänge der Lithographie in Wien.
Wien 1924

Paul Hoffmann
Wilhelm Reuter. Ein Beitrag zur Geschichte
der Lithographie.
Berlin 1924

Luitpold Dussler
Die Incunabeln der deutschen Lithographie,
1796 bis 1821.
Berlin 1925. – Neuauflage 1955

Carl Halbmeier
Aloys Senefelder. The History of Lithography.
New York 1926

Elfried Bock
Geschichte der graphischen Kunst.
Berlin 1930

A.F. Korostin
Die Lithographie in Rußland.
Moskau 1943

Jean Adhémar
L'estampe française:
La Lithographie française au XIXe siècle.
Paris 1944

Hans Platte
Die Anfänge der Künstlerlithographie
in Deutschland. Dissertation,
Freiburg 1953

Felix H. Man
150 Years of Artists' Lithographs 1803 to 1953.
London 1953

Rudolf Mayer
Die Lithographie. Eine Einführung.
Dresden 1955

Peter Halm
Bild vom Stein.
Die Lithographie von Senefelder bis heute.
Ausstellungskatalog
Staatliche Graphische Sammlung
München 1961

Wilhelm Weber
Saxa Loquuntur, Geschichte der Lithographie,
Band I, Heidelberg 1961. – Geschichte
der Lithographie Band II, München 1964.
Englische Übersetzung New York, Toronto,
London 1966. –
Französische Übersetzung Paris 1967,
mit Vorwort von Raymond Cogniat

Felix H. Man
Artists' Lithographs.
A world history from Senefelder
to the present day.
London 1970

Michael Twyman
Lithography 1800 – 1850.
London 1970

Wilhelm Weber
Zum 200. Geburtstag
von Aloys Senefelder.
Ausstellungskatalog Offenbach
und Kaiserslautern 1971/1972

Wilhelm Weber
Der Erfinder Aloys Senefelder.
In »Deutsches Museum«, Heft 1,
München 1972

R. Arnim Winkler
Die Frühzeit der deutschen Lithographie –
Katalog der Bilddrucke von 1796 – 1821.
München 1975

Kunsthalle Bremen
Die Lithographie von den Anfängen
bis zur Gegenwart.
Ausstellungskatalog 1976,
bearbeitet von Ursula Heiderich,
Jürgen Schultze und Annemarie Winther

Fritz Eichenberg
The Art of the Print. Kapitel 13,
Lithography, S. 372 – 478.
New York 1976

Dieses Buch wurde von Hand
in Halbpergament gebunden.
Die Buchbindearbeiten
führte Helmuth Halbach,
Buchbindermeister
in Königstein im Taunus, aus.

Dieses Exemplar
ist in der Auflage limitiert
und wurde vom Autor signiert.

Es hat die Nummer E74

Der Autor